아름다운 발걸음

예영세계선교신서 23
아름다운 발걸음

초판 2쇄 찍은 날 · 2014년 6월 5일 | 펴낸 날 · 2014년 6월 12일
지은이 · 유해석, 박종상, 송재홍, 김문경, 이영규, 유호순, 전철한, 박시온,
　　　　박성배, 안선애, 임홍섭 | 펴낸이 · 원성삼 | 책임편집 · 김지혜
등록번호 · 제2-1349호(1992. 3. 31) | 펴낸 곳 · 예영커뮤니케이션
주소 · (136-825) 서울시 성북구 성북로6가길 31 | 홈페이지 · www.jeyoung.com
출판사업부 · T. (02)766-8931 F. (02)766-8934 e-mail: jeyoungedit@chol.com
출판유통사업부 · T. (02)766-7912 F. (02)766-8934 e-mail: jeyoung@chol.com

Copyright ⓒ 2014, 유해석, 박종상, 송재홍, 김문경, 이영규, 유호순,
　　　　　　　전철한, 박시온, 박성배, 안선애, 임홍섭

값 12,600원

국립중앙도서관 출판시도서목록(CIP)

아름다운 발걸음 / 지은이: 유해석, 박종상, 송재홍, 김문경,
이영규, 유호순, 전철한, 박시온, 박성배, 안선애, 임홍섭
. -- 서울 : 예영커뮤니케이션, 2014
　　 p. ;　　cm

ISBN 978-89-8350-891-1 04230 : ₩12600
ISBN 978-89-8350-542-2 (세트) 04230

선교(종교)[宣敎]
기독교[基督敎]

235.6504-KDC5
266.023-DDC21　　　　　　　CIP2014015636

하나님 나라를 채색하는 열한 명의 선교 이야기

아름다운 발걸음

보내심을 받지 아니하였으면 어찌 전파하리요 기록된 바 아름답도다
좋은 소식을 전하는 자들의 발이여 함과 같으니라.
- 로마서 10장 15절

추천사

나는 최근에 한국을 다시 방문해서 특별한 시간을 보내면서, 이 책이 출간된다는 소식을 들었다. 한국오엠이 시작된 시기에 헌신한 선교사부터 최근에 오엠에서 사역한 선교사들의 삶이 담긴 책이 나온다니 무척 감격스러웠다.

1964년에 처음 한국인이 오엠 사역에 참여하기 시작했지만, 70년대 초기에 로고스가 한국을 방문한 후부터 한국인들이 본격적으로 오엠에서 사역하기 시작했다. 그때부터 수많은 한국인들이 오엠과 함께 울고 웃었다. 하나님께서 한국인 오엠 사역자들을 통해 행하신 아름다운 이야기가 이 책에 담겨 있는 것이다.

각각의 부르심을 받은 선교사는 하나님이 맡기신 귀한 사역을 감당했고, 그 가운데 일어난 이야기는 그 누구도 경험할 수 없는 각자만의 독특한 경험이며, 그 안에 받은 하나님의 은혜의 각자가 체험한 은혜이다. 오엠 선교사들의 사역이 담긴 이 책을 더 많은 독자들이 읽었으면 하는 바람이 있다. 그래서 지금 이 책을 읽는 독자가 다른 사람에게 소개해 주었으면 한다. 이 책을 통해 더 많은 기도동역자와 후원자가 세계선교에 동참할 수 있기를 원한다. 특별히 로고스 호프가 곧 한국을 방문하게 되어서 기쁘고, 이 책을 읽는 독자도 그 로고스 호프를 방문해 보고, 사역에 함께 동참하기를 바란다. 이 책을 읽는 독자에게 주님의 큰 은혜와 축복이 있기를 원한다.

국제오엠선교회 설립자, 전 총재

조지 버워

1970년대 초 로고스가 한국을 처음 방문한 이후, 수많은 한국 젊은들이 오엠을 통해 세계선교에 동참하고 헌신했다. 그들은 여전히 세계비전과 열정을 품고 열방으로 흩어져 복음기동대로 사역하고 있다.

주님께서 그들을 통해 행하신 일들과 진솔한 이야기를 들을 수 있어서 매우 기쁘게 생각한다. 이번 로고스 호프의 첫 한국 방문을 계기로 한국 교회가 새롭게 일어나 주님의 지상명령을 따라 발걸음을 힘차게 내딛고 나아가는 은혜와 역사를 기대하며 이 책을 추천한다.

은혜샘물교회 담임목사, 한국오엠 이사장

박은조

1990년 여름, 오엠을 통해 경험한 러브 유럽은 나의 스물셋 청춘의 뜨거운 이정표가 되었다. 그때 선교 열정을 배우면서 평신도 사역자의 짜릿한 삶을 맛봤고, 그 후 코소보에서 볼리비아까지 55개국 땅을 그들의 마음으로 밟았다. 그 경험은 TV를 나의 선교지로 만들었다.

이 책은 마음 한 구석에 잠든 선교본능을 깨우는 신사도행전이다. 이 책을 읽으면 당신의 삶은 지금 선교지가 된다. 나는 하나님 나라 B급 요원이다.

KBS 아나운서

김재원

프롤로그

부족함과 어려움을 딛고 세계 최고가 된 선수들의 발이 인터넷에 공개되어 화제가 된 적이 있었다. 고통과 인내의 시간을 견뎌내고 최고의 정상에 오른 그들의 발은 우리에게 큰 감동으로 다가온다.

수많은 상처와 굳은살로 가득한 박지성 선수의 발,
복숭아뼈에 수많은 상처와 울퉁불퉁하고 멍이 든 김연아 선수의 발,
오래된 나무처럼 상처가 밴 강수진 발레리나의 발,
굳은살이 박혀있는 이상화 선수의 발,
이 모두가 자랑스러운 발이다.

그러나 여기 또 다른 세상에서 가장 아름다운 발이 있다.
그 발은 곧 예수님의 발이기도 하다.

그리고 그 예수님을 따른 사람들의 발이기도 하다.

이 책은 거대한 하나님 나라의 밑그림에 색을 칠하는 열한 명의 작은 예수의 고백이 담겨 있다.

이들은 예수님의 발이 되어 오엠과 함께 전 세계를 누비며 아름다운 발걸음을 남기고 있다. 산을 넘고, 바다를 건너 기쁜 소식의 복음을 전했던, 여전히 전하고 있는 발걸음이다.

보내심을 받지 아니하였으면 어찌 전파하리요 기록된 바 아름답도다 좋은 소식을 전하는 자들의 발이여 함과 같으니라(롬 10:15).

이슬람을 만나다

_유해석

1990년부터 이집트오엠에서 사역했으며,
1997년에 영국 웨일즈와 한국에
FIM국제선교회를 설립하여 무슬림 선교에 주력하고 있다.

예수님을 만나다

사실 나는 선교사의 삶을 살아가겠다는 생각을 해본 적이 없었다. 암울하기 그지없었던 어린 시절, 그 어떠한 꿈을 꾼다는 것 자체가 사치였기·때문이다. 선교사는 고사하고 미래에 대한 어떤 꿈을 꾼다는 것조차 힘겨웠다. 따뜻한 둥지 같아야 할 가정은 두려움의 덫이었다. 그뿐 아니라 우리 집안엔 간질이라는 혐오스럽고 질긴 질병과 사이비종교가 독한 기운을 늘 내뿜어댔다. 어린 눈에 비친 작은 아버지의 뒤틀린 모습과 뒤집어진 눈은 나를 공포심으로 꽁꽁 얽매어 버렸다.

초등학교 6학년 때, 결국 나는 작은 아버지의 주검을 목격했다. 결코 예사로운 죽음이 아니었다. 어느 날 간질을 앓고 계셨던 작은 아버지가 발작을 했다. 집안엔 나 외에 아무도 없었다. 어떻게 해야 할까? 집에서 나와 친구들을 불렀다. 다시 집으로 돌아갔을 때 작은 아버지는 더 이상 숨을 쉬지 않았다. 방안에 호롱불이 불안하게 흔들렸고, 나는 깊은 죄책감에 빠져들었다. '나 때문에 돌아가셨구나.' 발작을 일으키시면서 내게 도움을 청하는 몸짓을 하셨는데도 나는 아무것도 할 수가 없었다. 그 후 나는 작은 아버지의 죽음이 마치 내 탓인 것 같은 죄책감에 시달렸다.

그 당시 우리 가족들은 남묘호렌게쿄에 깊이 빠져 있었다. 나 역시 그 교를 열심히 믿었다. 7년만 열심을 내고 믿으면 대박이 난다는 말에 솔깃했기 때문이었을 것이다. 과연 대박이 났을까? 남묘호렌게쿄를 믿은 지 7년이 지나자 어른들의 잇단 죽음과 경제적 어려움이 찾아왔다. 아울러 내 마음도 마냥 가난해지고 척박해졌다. 신문배달을 시작했다. 그 다음엔 구두닦이를 했다. 돈을 벌어야 한다는 일념에 늘 몸과 마음이 지쳐 있었다. 이러한 삶은 중학생 시절까지 지속되었다.

그러한 가운데 유일한 기쁨이 있다면 독서였다. 그러나 닥치는 대로 책을 읽다보니 염세주의에 빠져 쇼펜하우어의 영향을 많이 받게 되었다. 삶이 얼마나 허무하게 느껴지던지 급기야 자살을 시도하기에 이르렀다. 자살이야말로 인간이 신에게 거역할 수 있는 유일한 특권이라는 말이 어찌나 멋지던지. 수면제를 잔뜩 사들고 관악산에 올라가 자살을 시도했다. 그러나 자살마저 내 뜻대로 되지 않았다. 나는 여전히 숨 쉬고 있었고, 심한 두통만 남을 뿐이었다.

터덜터덜 산을 내려오던 길에 초등학교 때 친구를 만났다. 그 친구 덕에 나는 교회에 난생처음 발을 디밀었다. 교회에서 전에는 경험해 보지 못했던 따뜻함과 사랑을 느꼈다. 무엇보다 죽음에 대한 내 왜곡된 사상과 비극적 경험이 성경말씀을 통해 수정되었다. 그리고 로마서를 통해 나는 주님을 영접했다. 비로소 존재의 기쁨과 환희를 맛볼 수 있었다. 내 안에 예수님이 들어오신 것이다.

그 후 더 이상 작은 아버지의 죽음에 대한 죄책감에 시달리지 않았다. 죽음 자체에 대한 공포나 그릇된 신비감도 사라졌다. 살아 계신 하나님의 말씀을 통해 다시 태어난 나는 미래에 대한 꿈도 꾸게 되었다. '나는 어떻게 살 것인가?' 내 존재에 대한 진지한 질문이 시작된 것이다. 그 질문에 대한 답은 너무도 명료하고 간단했다.

"이제부터 나는 이 진리의 복음을 전하며 살 것이다."

내가 예수님을 영접한 후 또 다른 시련이 시작되었다. 남묘호렌게쿄에 심취한 가족들이 나를 가만 놔두질 않았다. 남묘호렌게쿄는 가족이 모두 교도가 되는 것을 중요시했다. 나는 졸지에 이단자가 되어 집에서 쫓겨났다. 내가 갈 곳은 교회뿐이었다. 그곳엔 날 위해 기도해 주시는 영적 어머니도 많았다. 교회는 내 공부방이기도 했다. 교회는 영적으로나 육적으로 둥지가 되어 주었다.

먹고사는 문제를 해결하기 위해 공장을 다니다보니 중학교 2학년 이후로는 제대로 학교생활을 할 수 없었다. 그러나 예수님을 만나고 삶의 목표가 생기니 공부를 하지 않을 수 없었다. 정규교육 과정에서는 이미 이

탈했지만 검정고시를 치르고 신학공부를 하겠다는 일념으로 열심히 공부했다. 화장실 가는 시간이 아까울 정도였다.

내가 기도실 방에서 공부하던 시절, 차응현 목사님의 설교를 통하여 토마스에 대한 이야기를 여러 번 반복해서 듣게 되었다. 토마스 선교사의 이야기를 통해 나는 복음의 새로운 면을 보게 되었다. 비로소 나는 새로운 문 앞에 서게 된 것이다. 이제 그 문을 여느냐 마느냐는 내가 선택할 일이었다. 그 문은 바로 세계선교를 향한 문이었다. 내가 과감히 그 문을 열기로 결심했다. 나는 복음에 대해 빚진 자라는 사실을 뼈저리게 느꼈기 때문이다. 게다가 이 나라에 면면히 흐르는 선교사들의 피를 어떻게 한낱 역사적인 사실로만 기억할 수 있을까?

'역사의식'과 '선교의식'

드디어 신학교를 졸업했다. 그 후 군에 입대했고 정해진 시간에 제대했다. 이렇듯 시간이 흘렀으나 내 속에는 여전히 채워지지 않는 갈증이 남아 있었다. 결국 공부를 계속해서 총신대학교에 입학했다. 앞서 신학적인 토대는 다져 놓은 터라 총신대학교에서는 종교교육학을 공부하기로 했다. 그런데 현실과 이상 사이엔 또 다른 괴리가 존재했다.

80년대에 대학생들은 강의실보다는 강의실 밖에서 외치는 시간이 더 많았다. 민주화와 사회정의가 부재한 시대적 상황이 젊은이들을 밖으로 불러낸 것이다. 반정부 시위가 그칠 날이 없었다. 나 역시 그들과 함께 시위대열에 끼게 되었다.

그 당시 일부 교회는 군사정부의 시녀가 되어 조찬기도회에서 아부성 기도를 남발했다. "여호수아와 같은 장군을 이 민족을 위하여 보내 주셔서 감사하다"는 내용의 기도를 했던 것이다. 감히 성경말씀을 독재정권의 수뇌에게 꿰맞추다니! 그뿐 아니라 광주항쟁으로 인해 무고한 시민들은 억울한 죽음을 당했다. 이러한 상황에서 교단총회장의 어이없는 기도가 나를 비롯한 많은 학생들을 분노케 했다. 그 분노가 학생들을 강의실 밖으로 내몰았다. 강의실에 있을 수가 없었다.

진정한 크리스천이라면 올바른 '역사의식'과 '선교의식'으로 무장되어야 한다고 나는 확신한다. 그런데 소위 교계 지도자라는 사람들이 무고한 시민들을 죽음으로 몰고 간 장본인에게 회개를 촉구하기는커녕 그 앞에서 아부를 했던 것이다. 백성의 눈에서 눈물과 한을 만들어 냈던 악한 지도자를 향하여 칭송하는 모습은 권력 앞에서 아부하는 이교도의 지도자들 같았다.

얼마 후 총회와 학교 측은 공개사과를 하겠다고 다시금 약속했다. 4대 일간지에 총회장의 이름으로 사과문을 내기로 약속했다. 학생들은 그 약속을 다시 믿었다. 학생들은 오랜 단식으로 인한 탈수현상을 방지하기 위하여 병원으로 후송되었다. 그러나 그 약속은 전국적으로 일어나는 신학생 데모의 도화선을 차단하고, 총신대학교 총장실 점거농성 및 단식을 마무리 짓기 위한 일종의 꼼수였다.

사과문은 실리지 않은 채 시위는 마무리 되었다. 그때 내가 정신없이 외쳤던 이유는 단지 학생회장직을 맡았기 때문만은 아니었다. 어두운 정국, 암울한 역사의 현장에 작은 빛이라도 밝히고 싶어 하던 선량한 신학생들의 존재와 흔적을 알리겠다는 열정 때문이었다. 그 후 학생회장의 임기를 마치면서 그동안 수고했던 임원들과 한 달 일정으로 필리핀으로 갔다.

선교훈련이라는 말을 사용하긴 했으나 내가 평생을 선교사로 살아가겠다는 생각은 잊은 상태였다. 청소년 시절의 세계선교 꿈이 이미 퇴색되어 있었다. 그러나 필리핀에서 한 달 동안 체류하면서 한 선교사님의 사역을 지켜보다가 잊은 것들을 되찾을 수 있었다. 그동안 아무것도 없이 살아왔다고 생각했었는데 사실 나야말로 많은 것을 가지고 있었다. 내 안에 예수 그리스도가 계셨기 때문이었다.

필리핀에서 돌아온 나는 선교훈련을 받기 위하여 단체들을 물색하게 되었다. 그러던 중에 한국외항선교회가 눈에 들어왔다. 그래서 1988년부터 그곳에서 선교훈련을 받았다. 당시에 대부분의 훈련생들은 오엠선교회를 통해서 파송되었다. 그런데 훈련이 끝나도 내겐 아무런 소식이 없었다. 아마 오엠국제선교회가 외항선교회에서 독립하여 새로운 단체로 출범하기 위한 준비기간이어서 그랬던 것 같다. 1989년 말경에야 연락을 받았다. 1990년 4월, 드디어 한국오엠선교회 소속 1기 선교사가 되어 한국을 떠났다.

오엠 언어학교가 있는 북부 웨일즈의 뤌^(Rhyl)은 전형적인 영국의 해안도시다. 대다수의 영국 도시가 그러하듯 곳곳에 교회가 있었다. 18세기 영국 교회 부흥의 흔적이다. 그러나 놀랍게도 상당수 교회가 비어 있는 상태였다. 아예 문을 닫고 매물로 내놓은 곳도 있었다.

영국 교회 건물들은 대다수가 문화재 등록이 되어 있는 역사적 장소이다. 중세시대에는 교회를 중심으로 시장과 마을이 형성되었다. 따라서 교회는 오랜 역사를 지닌 문화재가 될 수밖에 없다. 영국에서는 문화재로 등록이 된 교회는 더 이상 예배를 드리지 않게 되더라도 교회건물의 소유자는 건물형태를 보존할 의무가 있다. 따라서 교회 문을 닫았다고 해서 그 건물의 용도를 변경하기 힘들다. 그러다보니 건물가격이 하락할 수밖에 없었다.

그러나 이슬람에서 교회건물을 매입하여 내부를 약간 변경하면 이슬람 사원으로 시용할 수 있다. 이것은 단지 교회의 용도변경이 아니다. 이슬람 사원이 교회를 정복했다는 상징적인 의미를 지닌다. 따라서 이슬람 재단은 헐값으로 교회건물을 매입한 후 이슬람 사원으로 사용한다.

그 당시 기준으로 영국에서는 매주 2개의 이슬람 사원이 생겨났다. 오엠 언어학교 역시 문을 닫은 교회건물을 학교로 사용하고 있었다. 영국 교회가 문을 닫았는데 그 교회를 이슬람에서 구입하여 이슬람 사원으로 만들었다는 이야기를 한 집에 살고 있는 피오나를 통해 그때 들었다.

이슬람, 이슬람에 대해 내가 알고 있는 것은 무엇인가? 신학교 때 들었던 비교종교학 시간에 조로아스터교와 함께 30분 정도 배운 것이 전부였다. 피오나와 이슬람 센터를 가보았다. 겉모습은 전형적인 영국의 개신교 회인데 그 내부는 이슬람 사원이었다. 내겐 큰 충격이었다. 교회가 이슬람 사원으로 변하다니! 그때부터 이슬람에 대하여 연구하게 되었다. 수업을 마치면 곧장 도서관으로 갔다. 이슬람에 대한 윤곽이 서서히 잡혀가는 것 같았다. 1990년 영국의 이슬람 인구는 110만 명이었다. 그러나 오늘날 영국 이슬람 인구는 280만 명이었다. 280만 명이 영국의 합법적인 체류자인 것을 감안하면 실제로 영국에 거주하는 이슬람 인구는 550만 명이 될 것으로 예상한다. 이슬람은 새로운 도전으로 다가왔다.

그 해, 오엠에서 주최하는 러브 유럽은 헝가리를 선택하여 8주 동안 전도활동을 했다. 헝가리를 떠나 독일로 돌아오는 길에 오스트리아 비엔나에서 잠시 머물면서 전도를 했다. 내가 배정받은 지역은 도나우 강변이었다. 그런데 예상치 못한 장면이 펼쳐졌다. 많은 사람들이 남녀를 불문하고 옷을 벗은 채로 강변에 누워있었다. 그곳이 바로 말로만 듣던 누드촌이었다. 결국 전도를 하지 못하고 돌아왔다.

매해 여름 "러브 유럽"이 끝나면 네덜란드의 디브론에서 국제오엠 선교사수련회가 열린다. 인력시장과 닮은 점이 많다. 각 나라에서 온 선교사 후보들은 이곳에서 1-2주 동안 머물면서 수련회에 참석하고, 원하는 팀을 수소문하여 인터뷰를 요청하기 때문이다.

나는 다음과 같은 세 가지 선교원칙을 나름대로 정했다.

첫째, 이슬람권으로 가자.

둘째, 선교사가 없는 곳으로 가자.

셋째, 오랫동안 이슬람 선교를 해온 오엠이니 가장 힘든 곳으로 여겨지는 곳에서 사역하자.

이왕에 던져질 바에는 내가 필요한 곳보다는 나를 필요로 하는 곳에 던져지고 싶었다. 그래서 이슬람 국가 가운데 힘든 팀을 골라서 인터뷰를 요청했다. 수련회가 끝나기 전 이집트 팀에서 연락이 왔다.

고대문명의 발상지 이집트

이집트의 8월은 정말 더웠다. 내가 도착한 곳은 이집트의 한 빈민가였다. 내가 살고 있는 빈민가는 빈대가 많았다. 자고 일어나면 온 몸이 빈대에 물려있었다. 이집트 빈대는 유난히 컸다. 집안을 청소하고 약을 뿌린다고 해결된 것이 아니었다. 친구 한 명만 다녀가면 다시 빈대들이 기승을 부렸다. 차라리 더불어 사는 것이 편했다.

판자를 하나 사이에 두고 옆방에 살고 있는 후세인^(가명)에게 매일 꾸란을 배웠다. 대신 나는 그에게 성경은 하루에 한 장씩 읽어 주었다. 1년이 지났을 때 그는 이슬람에 대하여 회의가 든다고 말했다. 나 역시 이슬람에 대하여 많이 알게 되었고, 무슬림들이 암송하는 꾸란 구절을 아랍어로 암송할 수 있게 되었다.

가난한 사람들을 도울 방법을 찾다가 침을 놓아주기로 했다. 가난한 사람들은 병원과 거리가 멀다. 따라서 그들에게 가장 필요한 것은 육체의 아픔에 공감을 표시하는 것이다. 침의 효과는 대단했다. 사실 나는 침을 맞아본 적도 없고, 배운 적도 없다. 책에 나와 있는 대로 보고 침을 놓았을 뿐이다. 그런데 병이 나았다. 졸지에 명의가 되었다. 내게 침을 맞기 위해 사람들이 몰려들었다.

또 다른 접촉점은 태권도였다. 1990년 당시에 이집트 태권도 인구는 30만이었다. 그러나 한국에서 파견된 사범은 두 명이었다. 태권도에 대한 열기가 뜨거웠다. 지역주민들이 이해할 수 있는 직업이 있어야 하기에 나는 아랍어를 배우는 학생이면서 동시에 일주일에 한번 국제학교에서 태권도를 가르쳤다.

이집트 빈민가에서 말라리아에 걸렸다. 일주일 동안 심하게 앓았는데, 그 뒤로 왼쪽 귀의 청력이 문제가 생겼다. 몸은 고통스러웠으나 그들에게서 한 가지 배운 것이 있었다. 아무리 척박한 상황 속에서도 낙천적으로 살아갈 수 있는 능력이었다. 시간이 지날수록 그들과 가까워지고 언어를 알면서 그들의 문화를 이해하게 되었다.

원래 이슬람교는 술을 금하지만 그곳에서는 예외였다. 밤이면 술에 취해서 비틀거리는 사람을 자주 볼 수 있었다. 라마단 금식기간이 되면 모든 무슬림이 금식한다고 생각했었는데 사실은 그렇지 않았다. 라마단 기간에 들어와 음식을 청하는 친구들이 많았다. 또한 모든 무슬림들이 테러를 일으키는 원리주의자가 아니었다. 대부분의 무슬림들은 꾸란에 뭐라고 쓰여 있는지도 몰랐다. 이집트의 문맹률이 65%에 달했다. 가난한 동네일수록 문맹률도 높았다. 그러니 꾸란을 읽는 것은 불가능했다. 물론 꾸란을 부적 삼아 집안 한 구석에 매달아 놓기는 한다. 전체 무슬림 가운데 약 70%가 부모님이 무슬림이라서 무슬림인 경우였다. 이름만 무슬림, 무신론적 무슬림, 서구화된 무슬림 등 그 종류도 많았다.

빈민가에서 살기 시작한 지 3개월이 지났다. 빌립보서 2장을 통하여 문화적 성육신을 이해할 수 있었다. 천국생활을 하다가 이 땅에 오신 예수님은 얼마나 힘드셨을까? 33년 가운데 30년 동안 인간의 문화를 배우시고 단지 3년 동안 사역하시고 가셨다는 사실은 무엇을 시사할까? 예수님은 가장 완벽한 모범이었다. 내가 먼저 그리스도의 빛 가운데 걸어가야 그 빛을 무슬림에게도 비출 수 있다는 것을 깨달았다. 매일 아침, 잠에서 깨면 두 시간 정도 큐티와 말씀묵상으로 하루를 시작했다. 하나님의 살아 있는 말씀이 삶에 활력을 불어 넣었다.

복음서를 읽다보니 당시의 유대인들이 오늘날의 무슬림들과 비슷하다는 것을 알았다. 유대인들이 율법을 지키듯이 무슬림들은 이슬람법인 샤리아를 지키며 행위로 인한 구원을 강조하는 종교인줄 알게 되었다. 유대인들이 율법 아래 있듯이 무슬림들은 샤리아법전 아래 있다. 예수님이 유대인을 향하여 전도하셨던 방식을 그대로 적용하는 데 초점을 맞추자 사역에 흥이 나기 시작했다. 드디어 내가 평생해야 할 일이 무엇인지 알게 되었다.

미국의 풀러선교대학원에서 10년간 이슬람에서 기독교로 개종한 700명을 대상으로 연구조사하며 개종하게 된 동기를 물었다. 그런데 첫째, 회심의 이유로 기독교인들의 영적이고, 이타적인 삶을 꼽았다. 둘째, 꿈과 환상 그리고 초자연적인 역사를 통해서 개종했다고 답했다. 셋째, 이슬람에 대한 회의 때문이라고 답했다. 무슬림의 개종에 가장 큰 영향력을 발휘하는 것은 역시 크리스천의 헌신적인 삶이었다.

이러한 결심은 나로 하여금 이집트오엠에 서서히 녹아들게 만들었다. 마침 나의 리더였던 피터가 안식년차 미국으로 가면서 자연스럽게 5명으로 구성된 팀의 선임이 되었고, 나는 팀의 리더가 되었다. 언어가 완벽하지 않은 상태에서 외국인 선교사들을 섬긴다는 것은 쉬운 일이 아니었다. 그러나 피터가 돌아오기까지 임무를 완성했다. 그것은 나를 성숙하게 만들었다.

빈민가에서 사역을 시작한 지 2년 즈음 되었을 때, 한국오엠의 책임자인 최춘호 목사님이 이집트를 방문했다. 당시에는 어느 누구에게도 사는 곳을 알려 주어서는 안 된다는 것이 팀의 원칙이어서 마치 첩보원처럼 행동하고 생활했다. 또 나의 존재를 알리는 것이 싫어서 한국인들은 만나지 않고 지내던 시절이기도 했다. 그러나 한국오엠의 책임자가 오니 팀에서도 허락을 했다. 집에 도착하신 최 목사님은 이런 곳에서 어떻게 2년을 살았느냐며 놀라셨다. 최 목사님이 빈민가에서 사역하는 내 모습을 보고 감동을 받으셨는지 1992년에 한양대학교에서 열리는 선교한국에 나를 초청했다. 오엠을 대표하여 설교를 하라는 것이었다. 어차피 한번은 한국에 와야 했기에 초청에 응하기로 했다.

한국으로 가는 길에 다시 영국 북부 웨일즈에 들렀다. 그곳에서 언어 훈련을 받고 있는 오엠 선교사들에게 강의도 하고, 격려도 하고 또 나와 함께 팀에서 사역할 선교사들이 있다면 인터뷰를 하려고 갔다. 여전히 그곳에는 많은 선교사들이 훈련을 받고 있었다. 그들을 만나고 한국으로 왔다. 선교한국에서 강의를 하러 갔다가 아내가 될 사람을 만났다. 인생에 새로운 사역이 기다리고 있었다.

새로운 출발

결혼 후, 이집트로 돌아와 사역에 전념했다. 나는 이집트의 수도 카이로에서 국가정보부원들에게 납치가 되어 정보부에서 얼마간 조사를 받고 풀려났다. 그 후에 블랙리스트에 이름이 올라가서 사역하는 데 많은 방해가 있었다. 이집트에 들어간 후 5년이 지났을 때, 한국에 있는 친척 어른에게 연락이 왔다. 장모님이 췌장암에 걸렸다는 것이다. 당시 수술을 할 때 집안의 남자가 사인을 해야 수술을 할 수 있었던 때였다. 그런데 장인 어른은 이미 돌아가셨고 딸이 두 명 있는데 큰 딸은 아내였고, 처제는 유학 중이었기에 내게 연락이 온 것이다. 수술을 하든지 치료를 하든지 해야 하는데 사인할 사람이 없다고 했다. 나는 정말 한국에 가고 싶지 않았다. 평생 이집트 빈민가에서 그리스도의 빛을 통해 무슬림을 주께 돌아오게 하는 것이 유일한 꿈이었기 때문에 결코 한국으로 오고 싶지 않았다.

아내도 한국에 가지 말자고 했다. 이제 막 사역이 무르익어 가는 상황에서 떠나고 싶지 않다고 했다. 그러나 한 집안의 가장으로서 책임도 있었다. 나는 시내 산으로 갔다. 이집트에 온 이후 시내 산에서 금식기도를 해 왔기 때문에 이번에도 시내 산으로 갔다. 시내 산 중턱에는 성캐더린 (St. Katherine)수도원이 있었다. 이 수도원 오른쪽에는 검소한 숙소가 있다. 하루 머무는 비용이 10불이었다. 영화 빠삐용에서 나오는 감옥처럼 아무 것도 없이 철제침대만 덩그러니 놓여 있고 겨울에는 추위로 인하여 온 몸이 바들바들 떨리는 곳이다. 그곳에서 응답을 주기까지 금식기도에 전념하기로 했다. 기도하는 동안에 성경 전체를 읽기로 작정했다. 나는 성경 전체를 읽으면서 응답을 받기를 원했다. 속독으로 성경을 한번 읽고 두 번째로 성경을 읽던 중 이사야 43장에서 마음이 뜨거워졌다.

> 너희는 이전 일을 기억하지 말며 옛날 일을 생각하지 말라 보라 내가
> 새 일을 행하리니 이제 나타낼 것이라 너희가 그것을 알지 못하겠느
> 냐 반드시 내가 광야에 길을 사막에 강을 내리니(사 43:18-19).

이 말씀을 읽고 너무 기뻐서 바위 사이를 뛰어 다녔다. 모든 것을 맡기기로 하고 한국으로 가기로 결정했다. 집으로 오자마자 짐을 쌌다 어리둥절하여 응답을 받았느냐고 묻는 아내에게, 나는 한국으로 돌아가서 장모님을 돌보는 것이 맞다고 말했다. 그러나 이슬람 선교를 포기하는 것은 아니었다. 말씀에 순종하는 것이 옳다고 생각했고 행동으로 옮겼다.

한국에 돌아와 장모님은 수술대에 올랐으나 이미 암이 많이 전이된 상태라서 다시 봉합했다. 그리고 의사는 약 8개월 동안 사실 수 있다는 말을 해 주었다. 병원 문을 나서면서 온 가족이 설악산으로 마지막 여행을 떠났다. 아직 병세를 정확하게 모르시는 장모님은 온 가족이 떠나는 여행을 마냥 행복해 했다. 여행에서 돌아와 장모님은 침상에 누우셨다. 몸은 더욱 약해졌고, 병의 깊었다는 것을 아신 장모님은 다른 사람들과의 만남을 피했다. 임종은 의사의 진단보다 3개월 빨리 찾아왔다.

아내를 낳고 길러주신 장모님과 더 이상 함께할 수 없다는 슬픔이 컷지만, 몇 달 동안 선교를 뒤에 두었기에 본격적인 이슬람 선교를 준비했

다. 돌아가신 장모님의 집을 처리하는 과정에서 이집트로 갈 시간이 늦어지고 있었다. 그렇다고 마냥 기다릴 수만은 었다. 그래서 설교를 하러 다니면서 이슬람 선교를 위한 기도모임을 시작했다.

선교는 기도와 비전으로부터 태어난다. 따라서 이집트로 다시 가기 위하여 기도를 시작하는 일이 시급했다. 파송교회의 건물 옥상 위에는 종탑이 있었다. 그 종탑 안이 비어있었다. 교회의 허락을 받고 그 종탑을 청소하여 기도처소를 삼았다. 그리고 함께 무슬림들을 위하여 기도할 사람들을 모았다. 순전히 무슬림을 위한 기도모임이었다. 사실 내 생각은 이 기도모임이 성장하여 다시 이집트 사역 현장에 갔을 때, 나와 사역자들을 위한 중보기도모임이 되기를 바랐다. 그런데 막상 기도할 사람들이 모여지자 함께 비전 트립을 가고 싶었다. 왜냐하면 이집트와 중동을 돌아보면서 현장에서 함께 기도하는 것이 좋을 것 같았기 때문이다.

첫 번째 비전 트립은 1995년 겨울에 떠났다. 53명을 인솔하고 중동의 몇 나라를 기도하면서 돌아보는 것이었다. 마침 이영해 집사님은 이집트에서 성지순례 가이드를 하고 있었다. 원래는 한국에서 여행사를 운영했는데, 1993년에 내가 이집트로 오시게 했다. 당시에 이집트에 오는 성지순례자의 관광가이드를 이슬람으로 개종한 한국인이 가이드를 한다는 이야기를 들었기 때문에 신앙이 좋으신 이 집사님을 이집트로 오시게 해서 가이드를 할 수 있도록 도와 드렸다. 우리는 그분의 도움으로 160만 원으로 한 달 동안 이집트, 이스라엘, 요르단, 터키 등 4개국을 돌아보는 여행을 할 수 있었다. 비전 트립에서 돌아온 이후에 기도모임은 더욱 더 활성화 되어갔다. 이제 이집트에서 할 장기사역을 준비하고 있는데 그동안 함께했던 스태프들이 따라가겠다는 것이다. 이슬람 선교는 하루아침에 이루어지지 않는다. 그래서 새로운 단체의 필요성을 느끼게 되었다. 나는 이 문제를 하워드 노리쉬와 상의하게 되었다. 그는 기꺼이 새로운 단체가 출범하는 것을 도와주었다.

하워드 노리쉬는 직접 한국에 와서 나를 격려하고 FIM의 의미를 Fellowship for Inheritance to the Muslim(생명의 유업을 무슬림에게 전하는 모임)라고 지어 주기도 했다. 이 내용은 사도행전 16장의 사도 바울이 죄수로 로마에 가기 전에 아그립바 왕 앞에서 변론하던 내용을 골자로 했다.

> 이스라엘과 이방인들에게서 내가 너를 구원하여 그들에게 보내어 그 눈을 뜨게 하여 어둠에서 빛으로, 사탄의 권세에서 하나님께로 돌아오게 하고 죄 사함과 나를 믿어 거룩하게 된 무리 가운데서 기업을 얻게 하리라 하더이다(행 26:17-18).

또한 어려움을 겪을 때도 직접 웨일즈로 찾아와서 "오엠은 시작해서 10년 동안 깨지고 무너지기를 반복해서 어려움이 없었던 때가 없었다"고 나를 위로해 주었다. 그뿐만 아니라 어려움을 어떻게 대처해야 하는지 조언을 아끼지 않았다.

1996년 여름이 돌아왔다. 이번 비전 트립은 중동을 거쳐서 영국으로 가는 일정을 잡았다. 이슬람이 어떤 종교인지 철저하게 배운 나로서 영국에 이슬람이 많아지는 것을 경험했었기에 그 상황을 더욱 깊이 들어가서 보고 또 나와 함께하는 스태프들에게도 보여 주고 싶었다. 영국의 이슬람 인구는 점점 늘어가고 있었고 이는 영국뿐만이 아니라 유럽 전체로 확산되어 가고 있었다. 프린스턴대학교의 이슬람 전문가인 버나드 루이스 교수는 "유럽은 금세기 안에 이슬람화 될 것이다"라고 장담하고 있었다. 따라서 영국도 봐야 할 필요가 있었다.

영국에서는 오엠 영국본부의 도움을 받아서 런던에 하루를 머물렀고, 이어서 중부 잉글랜드의 노스햄프톤(Northampton)의 작은 마을에 있는 한 교회의 도움으로 머물 수 있었다. 그런데 그 교회는 영국의 선교사로서 인도에서 사역했던 현대선교의 아버지로 불리는 윌리엄 캐리가 태어난 마을로서 인도로 가기 이전에 윌리엄 캐리가 종종 설교하던 교회였다. 당시 영국 교회는 '선교는 예수님의 사도들에게만 주신 특별한 사명'으로 국한시켜서 세계선교와 자신들은 아무런 상관이 없다는 인식이 강했다. 1792년 봄, 그는 『이교도 개종에 대한 기독교인의 의무에 관한 연구』라는 책을 통해서 세계선교는 기독교인이 반드시 해야 할 의무와 필요성을 역설했다. 당시 이 책은 루터의 95개 조항과 함께 베스트셀러가 되어 뜨거운 세계선교의 열풍을 전 유럽으로 확산시키는 중요한 일을 했다. 그는 늘 다음과 같이 말했다.

하나님으로부터 위대한 일을 기대하라, 하나님을 위해 위대한 일을 시도하라(Expect great things from God, attempt great things for God).

윌리엄 캐리에게 감동과 도전을 받은 목사들이 새로운 선교회를 만들기로 합의했는데 이것이 침례교선교회(Baptist Missionary Society)였다. 캐리는 단 한 번도 영국으로 돌아오지 않았고 1834년 73세의 일기로 인도에서 묻혔다.

그 교회가 윌리엄 캐리가 설교했던 교회라는 소식을 듣고 그의 생애를 생각하면서 밤이 늦도록 기도했다. 1996년 여름 비전 트립이 영국에서 은혜 중에 마무리 되었다. 이번 비전 트립에서 새롭게 시작한 일은 불가리아 남부지역 사역이었다. 불가리아 남부지역에는 이슬람 인구가 많았다. 그런데 60여 명의 멤버들과 함께 이동하면서 전도를 하는데 가는 곳곳마다 부흥이 있었다. 이슬람권에도 부흥이 일어나는 모습은 그동안 선교역사 속에서 있을 수 없다고 생각했던 일이었다. 당시에 불가리아 남부지역의 많은 무슬림들이 주님께 돌아오는 현장을 목격했다. 나중에 약 2만 명 정도의 무슬림이 개종했다는 이야기를 현지에 사역하는 독일 선교사로부터 들었다. 이슬람권에도 부흥이 일어나고 있었다. 놀라운 사실이었다.

그런데 불가리아 남부지역만이 아니었다. 모로코와 알제리 사이의 카바일어(Kabyle)를 쓰는 사람들 속에서 약 3만 명이 주께 돌아왔다. 수단 남부지역은 기독교인이 5%에 불과했지만 지금은 75%에 이른다. 이러한 역사는 근래에 일어난 일이었다. 전 세계에서 이슬람이 성장하지만 반대로 이슬람권에서는 기독교가 부흥하고 있다.

비전 트립이 끝나고 나는 몇 명의 스태프들과 영국에 남았다. 영국에서 우리를 만나고 싶어 하는 사람들이 있었기 때문이다. 생전 처음 보는 사람들이었지만 하나님께서 한국에서 온 형제들을 도우라는 사인을 받고 우리에게 무엇을 도왔으면 좋겠냐고 묻기 위한 만남이었다. 그들의 본부는 웨일즈에 있었다. 그것을 방문한 후에 주님의 인도하심이 그곳에 있음을 느꼈다. 그리고 다시 오기로 약속하고 한국으로 왔다.

이슬람권 전체에 대한 소원이 더욱 절실하게 다가왔다. 그동안 이집트만 알았는데 이젠 시야를 넓혀서 이슬람권에 대한 비전을 품게 되었다. 한국으로 돌아와서 다음 단계를 위하여 기도하고 성경을 읽는데 빌립보서가 눈에 들어왔다.

너희 안에서 행하시는 이는 하나님이시니 자기의 기쁘신 뜻을 위하여 너희에게 소원을 두고 행하게 하시나니(빌 2:13).

내 안에 있는 이슬람권을 향한 불타는 소원이 하나님의 뜻이라는 것을 알고 세 가지 꿈을 가지고 한국을 떠났다. 첫째, FIM은 이슬람권에 선교사를 파송한다. 둘째, 무슬림들에게 복음을 전한다. 셋째, 선교사가 없는 지역 혹은 계층에게로 간다. 1997년 우리는 웨일즈로 이주했다. 세 가정과 두 명의 싱글이 처음으로 파송을 받고 사역을 시작한 것이다. 이후로 한국에서 선교사 후보생들을 동원하여 웨일즈에서 선교훈련을 시키고 이슬람권으로 장기사역자들을 파송하게 되었다.

조지 버워를 만나다

오엠의 총재인 조지 버워와의 개인적인 만남은 2년 동안 단기선교를 마치고 장기선교사로 허입을 받고 잠시 한국으로 오기 위하여 영국으로 갔을 때였다. 오엠의 후배들이 웨일즈 오엠 언어학교에서 훈련을 받으러 왔기에 그들 가운데 우리 팀에 올만한 사람이 있는지 알아보고 또 그들에게 내가 2년 동안 경험한 오엠에서의 경험들을 나누어 달라는 부탁을 받고 가게 되었다. 오엠 런던 본부에서 머물 때 조지 버워가 기도회에 왔다가 대화를 나누게 되었다. 당시에 나는 조지 버워의 조카인 조지와 함께 한방을 사용하고 있었다. 아마 조지를 통해 나에 대해 알고 있었던 것 같다.

내가 두 번째로 조지 버워와 만난 것은 영국국회의사당에서였다. 나는 영국국회에서 진행되는 국가조찬기도회에서 세션 강의를 맡아달라는 부탁을 받았다. 국회의사당 안에 역사가 깊은 세인트메리교회가 있다. 내가 강의할 때 교회 안이 꽉 찼다. 국회의사당에서 만난 조지 버워는 그날도 여전히 각 테이블을 돌아다니면서 자기 명함을 돌리고 있었다. 나에게도 다가와 명함을 주었다. 서로를 알아본 우리는 반갑게 포옹을 하고 대화를 나누었다. 그 후에 어느 날 조지 버워에게 편지가 도착했다. 인사말과 함께 300파운드의 영국 수표가 들어있었다. 오엠을 떠난지 벌써 수년이 지났건만 그는 나를 기억하고 있었다. 감사의 말과 함께 처음으로 쓰는 나의 이슬람 관련저서의 추천사를 부탁했다. 그는 내 첫 책을 위해 다음과 추천사를 보내왔다.

> 유해석 목사는 나와 함께 5년 동안 사역했습니다. 그는 하나님께서 한국인들을 전 세계에서 어떻게 사용하시는지 알 수 있는 모델입니다. 나는 얼마 전에 웨스터민스터 국회의사당에서 열린 국가조찬기도회에서 강사로 참석한 유해석 목사와 함께 좋은 시간을 보냈습니다. 이 책은 중요한 책입니다. 이 책의 내용을 다른 사람에게도 알려 주시기 바랍니다.……중략……이 책이 우리에게 주는 도전에 대하여 더 이상 기다리지 말고 당장 응답하고 행동하기를 원합니다.

선교사가 넘어야 할 세 개의 산이 있다.

첫째는 비전의 산이다. 정말 내가 하고자하는 일이 하나님의 영광을 위한 일인지 늘 고비마다 점검하고 확신해야 하며 넘어야 할 산이다. 선교사에게 가장 중요한 것은 소명이다. 소명은 하나님께로 오는 내적인 사명감이다. 내적인 소명은 분명한 자기 확신이다. 또 외적 소명이 있다. 외적 소명은 주변 사람들의 태도에서 시작된다. 주변에서 아무런 반응이 없다면 자신의 내적 소명도 다시 검토해야 할 필요가 있다.

둘째는 인간관계의 산이다. 선교사가 넘어야 할 산 가운데 인간관계의 산이 있다. 선교사가 어느 나라에 갔을 때, 인간관계가 형성된다. 그런데 인간관계의 벽에 부딪친다면 좌절하고 만다. 한국인처럼 혈연, 지연, 학연으로 구성된 사회에서 살다가 선교지에서 새로운 인간관계를 구축하는 것은 쉬운 일이 아니다. 또한 선교는 철저하게 팀 사역을 해야 하는데 동료사역자들 사이의 인간관계도 쉬운 일은 아니다. 여러 나라에서 온 선교사들을 경험해 보면 각 나라의 문화에 따라서 특색이 있음을 발견한다. 특히 한국선교사들은 인간관계에서 가장 큰 어려움을 겪는다. 일단 인간관계에서 상처를 받으면 선교 사역을 장기적으로 지속하지 못한다.

셋째는 재정의 산이다. 선교 사역에 있어서 재정은 외적 소명과 연결되는 문제이기도 하다. 재정은 언제나 기도의 제목이다. 선교단체에 따라서 선교사의 재정 상황을 후원자들에게 말해서는 안 되는 단체도 있다. 반면에 적극적으로 모금을 하라고 독려하는 단체도 있다. 각 단체의 부르심에 따라서 사역하는 경우를 볼 수 있다.

내 어머니는 오랫동안 매달 만 원씩을 후원했다. 연로한 어머니의 후원을 받으면서 나는 어머니가 나를 후원했다기보다는 하나님의 사역에 동참했다고 믿는다. 처음에 이집트 빈민가에서 사역을 시작할 때, 후원금은 약 10만 원 정도였다. 그래서 오엠 정신에 따라서 절약하면서 살았다. 당시의 나의 재정지출 노트를 보면 생활비, 집세 등을 합하여 매달 7만 원 정도가 지출되었다. 그러니 10만 원도 여유가 있었다.

선교 사역을 시작한지 15년 정도가 지났을 때, 재정적인 어려움에 처했다. 후원교회가 후원을 갑자기 중단한 것이다. 미리 언급도 없이 후원이 중단되자 선교지에서 고민이 되었다. 그런데 어느 날 나의 통장에 2천만 원이 입금된 것이다. 어느 누구에게 재정의 필요를 이야기하지 않았을 때였다. 나는 한국의 은행에 전화를 했다. 누가 입금했는지 알려 달라고 직원에게 이야기하자 직원은 당사자의 허락이 있어야만 알려줄 수 있다고 했다. 어떤 돈인지 알지 못하면 사용할 수 없다고 전했다. 후원자가 누구인지 밝혀졌다. 선교사님을 후원하고 싶던 차에 내가 생각났다는 것이다. 그래서 선교회에 문의하여 계좌를 알아내고 입금했다는 것이다.

선교에 필요한 물질은 하나님이 채우신다. 우리는 다만 순종할 뿐이다. 없으면 없는 대로 절약하면서 살고, 있으면 있는 만큼 사역하는 것이다.

선교에 있어서 꼭 재정이 문제가 되는 것은 아니지만 넘어야 할 산인 것은 분명하다. 소명이 있다면 벧세메스로 가는 암소와 같이 묵묵히 순종하면서 나아가는 것, 이것이 선교다.

아프가니스탄 선교는 정말 가능한가?

_박종상

1988년부터 1999년까지, 1996년부터 2000년까지
아프간난민사역(ARM)팀에서 일했으며,
현재는 한국에서 영휘교회를 담임하고 있다.

제가 그 자리에 서겠습니다

아프가니스탄은 선교지 가운데 가장 위험한 나라다. 오랜 전쟁으로 곳곳이 파괴되고 황폐한 곳이다. 마약과 아동학대, 빈곤의 대명사인 이 나라를 향해 달려가는 자는 누굴까?

내가 아프가니스탄을 가슴에 품기까지 하나님이 계획하신 만남이 있었다. 그것은 최기만 목사님과 고든 매그니 선교사님과의 만남이다.

무엇보다 내가 아프가니스탄에 가게 된 것은 아프간 지하교회의 리더인 지아의 죽음 때문이었다. 지아는 이슬람 무장단체 "헤즈비 이슬라미⁽이슬람당⁾"의 지도자 굴부딘 헤크마티야르에게 체포되었다. 굴부딘은 이슬람 근본주의자였다. 굴부딘이 이끄는 광신적인 무슬림들에게 체포된 지아는 크리스천이라는 이유로 혀를 잘린 채 총살당했다. 그 당시 지아의 나이는

39세였다.

지아의 자리를 내가 담당해야 한다고 생각하며 출국을 준비했다. 고든은 네덜란드의 드브론에서 열린 오엠의 선교사수련회에서 나를 팀원으로 받아 주었다. 고든은 어떤 방법으로 팀을 도울 것인지 내게 물었다.

너희가 거저 받았으니 거저 주라^(마 10:8하).

이 성경구절로 답변을 대신했다. 고든은 내 선교 연구의 기초와 기둥을 놓아 주었다. 뿐만 아니라 내게 필요한 모든 것은 현장에서 제공하고 지원해 주었다(안타깝게도 그는 지금 카불의 외국인 묘지에 누워 있다).

두 번째 사역을 준비하면서 장로회신학대학교 신학대학원에서 공부하고 있을 때, 파키스탄에서 편지 한 통이 날라 왔다. 팀 리더인 고든이 보낸 것이었다. 6월에 카불에서 기도회가 있으니 참석하라는 내용이었다. 내겐 아내와 어린 두 자녀가 있다. 가족과 떨어져 전시상태인 나라로 간다는 것이 쉽지 않았다. 여차하면 가족들을 영영 못 볼지도 모른다. 그러나 나는 아내에게만 알리고 기꺼이 배낭을 꾸려 1994년 6월 18일, 파키스탄으로 향했다. 그 길이 내가 가야할 길이었기 때문이다. 사실 아프가니스탄에 대해서는 할 말이 너무 많아 일일이 열거하기가 불가능할 정도이다. 무사히 약 7년을 보냈다는 것만으로 감사할 뿐이다. 이제 굵직한 기억의 몇 편만 모아 본다.

국경 도시 페샤와르에 도착했다. 여러 동역자들은 출발 일정을 하루 늦추면서까지 나를 기다리고 있었다. 나를 포함하여 모두 14명이 전세버스에 몸을 실었다. 버스가 토르함 국경 검문소에 도착했다. 국경 주변은 난민들로 인해 소란스러웠지만 우리는 무사히 통과했다. 드디어 아프가니스탄에 발을 디뎠다. 전쟁의 잔해들이 널려있는 벌판을 지나 잘랄라바드에 도착했다. 그곳에서 요기를 한 후 다시 카불로 향했다. 해가 떨어지기 전에 도착해야 했기 때문이다. 카불 주변은 여전히 전투 중이었다. 언제 어디서 총탄이 날아오고 포탄이 떨어질지 몰라 신속히 움직여야만 했다. 나는 포탄에 맞아 지붕이 날아간 미국인 의료선교사의 집 지하실에 여장을 풀었다. 밤새 포격과 총격이 계속되었지만 침낭에 파묻힌 내 영혼은 밤새도록 주님의 평화를 찬양했다.

부르하누딘 라바니 대통령을 만나다

아침 기도회를 마치고 놀라운 사실을 알게 되었다. 다가오는 목요일에 아프간 대통령을 만날 것이라고 했다. 드디어 대통령을 만나러 가는 날이 되었다. 고든이 내게 물었다.

"모세, 라바니 대통령을 만나 어떤 이야기를 하는 것이 좋을까?"

나는 요나 이야기를 하는 것이 어떻겠느냐고 말했다. 그리고 요나서 마지막 구절을 들려 주었다.

> 하물며 이 큰 성읍 니느웨에는 좌우를 분변하지 못하는 자가 십이만
> 여 명이요 가축도 많이 있나니 내가 어찌 아끼지 아니하겠느냐 하시
> 니라(욘 4:11).

호텔에 도착할 때까지 고든은 이 말씀을 묵상했다. 그리고 자기가 대통령과 이야기할 때는 내가 기도해 주고, 또 내가 대통령과 이야기할 땐 자기가 기도하겠다고 했다. 말이 호텔이지 성한 유리창이 하나도 없었다. 통역관과 함께 고든과 나는 로비에 앉아 있다가 약속시간에 맞춰 지하실 방으로 갔다. 잠시 후 젊은 비서관 한 사람이 AK-47˙ 소총으로 무장한 사람과 함께 들어 왔다. 그들을 따라 밖으로 나가니 두 대의 지프가 호텔 정문에서 기다리고 있었다. 그 중에 한 차에 그 비서관과 우리 셋이 탔고, 무장한 다른 차가 뒤따랐다.

지프가 멈춘 곳은 대통령 궁이 아니라 임시 관저였다. 대통령이 머무는 곳이라 하기에 경비가 너무 소홀했다. 안내를 받아 건물 2층으로 올라가는 동안 소지품 검사 한 번 받지 않았다. 그저 집무실 앞에서 차례를 기다릴 때 내 사진기만 무장한 직원의 책상에 놓았을 뿐이었다. 다른 사람이 나오고 우리 차례가 되어 안으로 들어갈 때도 몸수색 한 번 하지 않았다.

라바니 대통령을 처음 봤을 때, 사진에서 본 대로 인자하고 차분해 보

였다. 부드러우면서도 진지한 모습으로 우리가 하는 말에 "발레, 발레(예,
예)"하며 응해 주었다. 그러나 그는 이집트에서 공부한 근본주의 이슬람
학자이며, 1960년대부터 카불대학교를 중심으로 펼쳐진 이슬람 학생운
동의 지도자였다. 그의 맞수가 굴부딘 헤크마티야르였다.

　고든과 나는 라바니 대통령에게 오는 6월 25일 토요일 카불에서 실시
되는 금식기도회의 행사 목적과 취지를 설명했다. 아프가니스탄의 미래
를 위하여 하나님과의 평화(내가 영어로 God라고 했으니 그는 알라와의 평화로 이해했을 것이다), 종
족 간의 화해, 시장의 자유, 언론의 자유, 종교 선택의 자유, 여성의 평등
권 문제 등이 필요하다는 것을 강조하며 이야기를 풀어 나갔다. 고든은
내가 권한 대로 요나와 니느웨 사람들의 회개에 대한 이야기를 들려 주
었다. 대통령은 고개를 끄떡이며 귀담아 들었다. 그것은 꾸란에도 나오는
이야기이기 때문이었다. 나는 마음속으로 그 두 사람을 위하여 기도했다.

　나는 이슬람 학자인 라바니 대통령에게 금식과 기도의 필요성을 강
조하고, 25일 토요일을 '아프가니스탄의 평화를 위한 기도일'로 선포해
줄 것을 요청했다. 그러나 그가 생각하는 동안, 옆자리에 있던 비서실장
이 팔걸이에 올려놓은 대통령의 왼쪽 손끝을 툭툭 치면서 고개를 흔들고
'듣지 말라'는 신호를 보냈다. 그 순간부터 대화의 흐름은 매끄럽지 않았
다. 우리는 하나님이 아프가니스탄을 사랑하시는 것과 아프가니스탄의
평화를 위하여 기도하고 있다고 말하고 대담을 마무리했다.

　다음 날 새벽, 라디오를 켜고 대통령이 어떠한 조치를 취할 것인지 기

다렸다. 안타깝게도 금식기도일 선포는 없었다. 그러나 라바니 대통령은 사람을 보내어 사과의 뜻을 전해 왔다. 기도일 행사의 중요성을 알고 있지만 사정상 이행할 수 없었다면서 감사의 뜻도 전했다^{(2011년 9월 20일, 라바니는}

_{탈레반 특사의 자격으로 그의 집을 방문한 두 명의 암살조의 자폭 테러에 의해 피살되었다)}.

비추소서, 예수님 이 땅을 비추소서

우리는 아프간협력선교회[IAM]의 숙소에서 매우 뜻깊은 예배를 드렸다. 아프가니스탄에서는 금요일이 공휴일이므로 그날 주일예배를 드린다. 고든은 각 종족의 대표들을 초청하여 화해의 예배[Reconciliation Service]를 주관했다. 성찬식에서 주님의 살과 피를 나누고 아프간 지하교회의 일치를 위하여 기도했다. 우리 외국인만 그래함 켄드릭의 곡, "비추소서 예수님 비추소서"를 불렀다. "아버지의 영광으로 이 땅을 채워 주소서"라는 대목에 이르자 눈물이 흘렀다.

우리는 30여 명의 사역자들과 함께 자정부터 24시간 '체인 기도[prayer chain]'를 했다. 다음 날 아침 기도회를 마친 후 마을로 나가 '걷기 기도'를 했다. 고든과 내가 기도하며 걷는 동안 전방 100m 지점에서 꽝음이 터졌다. 로켓포탄이 떨어진 것이다. 우리는 일단 숲으로 몸을 피했다. 그러나 걷기 기도는 계속되었다. 카르테세에서는 기도팀 차량 50m 전방에 로켓

포탄이 터지기도 했다. 다행히 인명 피해는 없었다. 그날 오후 4시에는 와지르에 있는 아프간협력선교회(IAM) 게스트 하우스에서 전체 기도회가 있었다. 공교롭게도 그 시간의 전투가 가장 치열했다. 집이 흔들리고, 지붕 위로 포탄이 날라다니고, 기관총 실탄이 창문을 스치며 지나갔다. 성령께서 매순간 기도에 힘을 주시고, 각 사람을 도우셨다. 전쟁터에서 드리는 기도가 바로 이런 것이로구나 생생하게 체험했다. 기도하는 동료들을 보니 그들이야말로 "수정 같이 맑은 생명수의 강 좌우에 심겨진 생명나무들"이었다(계 22:1-2).

이처럼 생명을 걸고 각 종족들을 찾아다니면서 복음을 전한다고 하는 것이 무모한 일처럼 보일 수 있다. 그러나 이 땅 위에 사는 민족을 사랑하는 하나님의 은혜와 섭리가 있는 한 이 세상의 어떤 권력도 하나님이 보내시는 선교사들의 발길을 막지는 못할 것이라고 확신한다. 우리 주님의 관심은 우리에 들지 아니한 양들이 선한 목자의 음성을 듣고 돌아오는 것이기 때문이다. 이제 각 개인이 아니라 종족 단위로 돌아와 구원을 받게 될 것이다.

나는 하자라족이 아닙니다

아프가니스탄의 북부 도시 마자리 샤리프에서 100여 명의 하자라족이 살해된 일이 있었다. 어느 날 하자라 친구가 내게 이런 말을 했다.

"탈레반^(파슈툰족)과 판시리들^(타직족)은 우리 하자라 사람들의 눈이 옆으로 찢어졌고 얼굴이 둥글고 코가 낮고 수염이 없다는 이유로 학대하고 죽이려 합니다."

사실 나도 탈레반들이 검문할 때에 하자라족이 아님을 밝히기 위해 여권을 보여줄 때가 있다. 탈레반의 색은 '검은색'이다. 거무칙칙한 얼굴, 길게 기른 수염, 새까만 룽기^(터번)와 샬와르 카미즈^(바지저고리), 여자들의 검은 외출복, 처녀들의 옷도 머리부터 발끝까지 검은색 일색이다. 반면에 몽골 계통의 하자라족의 얼굴에는 잔잔한 미소와 부드러운 웃음이 있다. 내 얼굴이 하자라처럼 생겨서 그런 것일까?

탈레반만 보다가 버미얀에 와서 하자라족이 사는 것을 보니, 그들은 너무 달랐다. 신선한 충격이었다. 밭고랑을 타고 지나갈 때, 감자를 캐다가 허리를 들고 네게 "살람!^(평화)" 하고 인사하는 이들, 쟁기로 밭을 갈다가 자기를 찍으라고 잠시 일손을 멈추고 포즈를 잡는 젊은이, "할로우!" 하며 인사하는 여자아이들, 내가 어렸을 때 놀던 대로 콧물 닦아가며 자치기 놀이를 하는 남자아이들, 전혀 어색함 없이 예쁜 미소를 지으며 병실을 방문하는 간호사들, 무엇보다도 부르카를 쓰지 않은 여성들의 모습이 고마웠다. 아프가니스탄에 이런 곳이 있었던가?

버미얀에 가면 까치가 있다. 우리나라 시골에서 볼 수 있는 까치소리를 들을 수 있다. 하자라 사람들도 까치가 영리한 새라고 한다. 길조로 생각하는 것이다.

버미얀 사람들은 집에 온돌을 놓고 산다. 나는 깜짝 놀랐다. 이 높은 힌두쿠시 산맥에 온돌을 사용하는 사람들이 살다니. 나는 고든 부부와 록샌 존슨에게 온돌에 대해 설명해 주었다. 그들도 놀라면서 "하자라족과 한국 사람들이 한 민족인 것 같다"고 해서 내가 "그런 것은 아니다"라고 하며 웃은 적이 있다.

이슬람교에서는 인간이 하나님을 아버지라고 부를 수 없다. 하나님이 인간을 자녀로 삼는다는 것도 상상할 수 없다. 고든 부부와 함께 파키스탄의 페샤와르에 있는 한 하자라족의 집에서 15명의 하자라족에게 복음을 전할 기회가 있었다. 그때 한 젊은이가 물었다.

"당신들이 여기에 온 것은 우리를 기독교인으로 만들기 위해서라는 것 알고 있습니다. 그런데 내가 예수를 믿게 되면 무슨 유익이 있는지 말해 줄 수 있습니까?"

나는 이렇게 대답했다.

"예수님을 믿으면 하나님^(호다완드)을 아버지라고 부를 수 있습니다."

그랬더니 그는 어떻게 그런 일이 있을 수 있겠냐며 언짢아했다.

두 달 후, 그 자리에 참석했던 한 형제가 전화를 했다. 닥터 다우드가 마자리 샤리프에서 탈레반에 의해 피살되었다는 것이다. 자기가 거기서 다우드를 만났는데, 나를 다시 한 번 만나서 더 많은 이야기를 들었으면 좋겠다는 말을 했다는 것이다. 그러나 안타깝게도 다우드는 하자라족이라는 것 때문에 탈레반으로부터 생명을 잃었다. 한 번 더 듣고 싶었던 복음도 다시 듣지 못한 채 세상을 떠났다.

하나님이 아담에게 말씀하실 때 어떤 언어로 말씀했을까요?

탈레반이 강경정책을 쓰면 쓸수록 이슬람에 회의를 느끼고 성경을 가르쳐 달라는 사람들도 많았다. 그 중에는 외교관 출신, 아프간 정보국(KGB) 요원, 조종사, 군 장교, 무역업자, 사업가, 교사, 엔지니어, 경비원과 막노동하는 이들 등 경력도 다양했다. 물론 경제적인 도움을 요구하거나 일자리를 달라고 하는 이들도 있었다.

한 번은 6명을 택하여 정기적으로 성경을 가르쳐 주었다. 세 사람은 아프간 신자들의 모임의 인도자들이며, 다른 세 사람은 예수님을 믿은 지 얼마 안 되는 사람들이었다. 성경은 이란어 성경과 다리어 신약성경을 사용했다. 성경공부는 종족별로 나누어서 했다. 그 이유는 첨예하게 대립되어 있는 종족간의 갈등과 배교를 했을 경우를 대비해서였다.

내가 건네준 이란어 성경책을 읽던 한 아프간 형제가 내게 물었다.

"하나님께서 아담에게 말씀하실 때 어떤 언어로 말씀했을까요?"

그는 어릴 때부터 꾸란을 암송하며 자랐기 때문에 아랍어를 잘 알고 있었다. 다른 무슬림처럼 아랍어로 쓰인 꾸란만이 알라의 계시인 줄 알고 있었고 그 아랍어를 경전의 언어라고 해서 신성시 여기기도 했다. 무슬림 중에는 모세의 율법과 성문서와 복음서도 아랍어로 쓰였다고 주장하는 사람이 있다. 그래서 이 부분에 대해 매우 궁금해했다.

그 형제가 질문한 것이 우습게 보일 수 있지만 '성경은 무엇인가?'를 이해하는 데 있어서 중요한 질문이었다. 그래서 나는 그에게 "하나님은 아담에게 다리어로 말씀하셨다"고 했다. 왜냐하면 하나님은 한국인에게는 한국어로, 중국인에게는 중국어로, 영국인에게는 영어로, 인도인에게는 힌두어로 말씀하시기 때문이다. 그 형제는 다리어로 하나님의 말씀을 듣고 있기 때문이다. 그래서 그에게 "네가 하나님께서 아담에게 하신 말씀을 다리어로 들으면 하나님은 아담에게도 다리어로 말씀하신 것이다"라고 했다. 내 대답이 엉뚱하게 들릴 수 있었을 텐데, 그는 오히려 반색을 하며 "맞습니다. 이해가 됩니다." 하고 대답했다. 그렇다! 그는 지금도 하나님께서 성경의 인물들에게 하신 말씀을 자기의 방언으로 듣고 있다(행 2:6).

아프가니스탄에서는 공개적으로 성경을 읽고, 세례를 받고, 지역교회에 출석하면서 신앙생활을 할 수 없다. 한 사람이 세례를 받은 후에도 신자들의 모임에 나오기까지는 몇 년이 걸린다. 어느 선교사는 14년 동안 일하면서 90여 명에게 세례를 주었지만 탈레반이 장악한 후에는 한 명도 자기를 찾아오는 사람이 없었다고 했다. 지난 몇 달 동안 카불에서 35명 그리고 잘랄라바드에서 6명의 아프간 형제들이 체포되었다고 했다. 그 중에는 예수님을 믿은 지 20-30년 된 형제들도 3-4명이 있다고 했다.

어떤 부인은 친정아버지가 물라^(이슬람 교사)인데, 남편한테 예수님에 대한 이 야기를 듣고 손바닥만 한 성경책을 구해 갔던 일도 있었다. 1998년, 다섯 달 동안 여덟 가정이 예수님을 믿었다. 두 가정에서는 아침마다 어른들이 모여서 말씀 묵상과 기도회를 가졌다.

22명이 복음을 듣고 예수님을 영접했다. 아프간 형제들과 매일 성경공 부를 하는 일을 잠시 멈추고 그들 중에서 여덟 가정을 방문했다. 몇몇 청 년들에게 복음을 전할 기회도 가졌다. 파키스탄의 페샤와르에는 우리 아 프간 형제들이 인도하는 기도처가 있는데, 거기서 장년 18명과 아이들 15 명이 한 달에 한두 번씩 모여 예배를 드렸다. 그들이 이렇게 한 자리에 모 여 예배하는 것이 위험하다고 반대하는 이들도 있지만, 한 가지 분명한 사실은 더 많은 이들에게 복음이 전파되어야 하고 그들 중에서 장차 아 프간 교회를 이끌어 갈 리더를 발굴하고 양육하고 훈련시켜야 한다는 것 이었다.

하나님의 덧셈-1, 2, 22, 70, 186

한국인으로서 서구인들이 운영하는 국제기관에서 일자리를 얻는 것은 그리 쉽지 않았다. 겉으로는 표현하지 않지만 서구인의 우월감, 동양인 에 대한 편견, 세속적인 전문성 결여 등은 내가 극복해야 할 과제였다. 그러나 그것도 그리 쉬운 일이 아니다. 뻣뻣한 혀가 하루아침에 꼬부라지는 것도 아니고, 한국어 문장 구조가 자동차 기어 변속하듯이 앞뒤로 자유자재로 바뀌는 것도 아니다. 두 번째 사역을 위해 그 일을 시도했다가 거부되었을 때 자존심이 크게 상했다. 그러나 하나님의 계획이 다른 곳에 있었다는 것을 아는 데에는 그리 오랜 시간이 걸리지 않았다.

'순전히' 그리스도의 복음을 전할 계획만을 세우고 아프간 동역자들을 찾는 일에 전념하자 고맙게도 여러 사람이 찾아 왔다. 성경을 배우기 위해 찾아오는 이들뿐만 아니라 일자리를 구해 달라고 찾는 이들도 있었다. 사정이야 어떻든지 간에 그렇게 찾아와서 차를 마시던 사람들은 오래가지 않고 모두 떠났다. 비자 문제 때문에 곤욕을 치르긴 했지만 1년 동안 다양한 사람들을 만났다.

한 아프간 형제가 동료 선교사의 추천을 받아서 성경을 가르쳐 달라고 했다. 예수님을 믿은 지 2년 반 정도 되었고 세례도 받았다고 해서 3개월 정도 같이 지내면서 성경을 가르쳤다. 여러 가능성이 보여, 9개월 동안 매일 3시간씩 성경 19권을 가르쳐 주었다. 교회사, 기본적인 교리, 예배 인도에 필요한 실제적인 것들도 가르쳐 주었다. 피비린내 나는 전쟁으로 8월부터 11월 초까지 상황은 최악이었지만, 내 관심은 오로지 이 형제에게 있었다. 외환 위기로 한국에서 오는 선교비가 반 조각이 났지만 이 형제의 가족 생활비도 내가 부담하고 그에게는 성경만을 배우도록 했다.

이듬해, 그는 다른 두 형제를 데리고 왔다. 모두 아프가니스탄의 동부

닝가하르주에서 온 사람들인데, 자기들에게도 성경을 가르쳐 달라는 것이다. 처음 보는 사람들을 데려오는 것은 위험한 일이 될 수 있다. 그렇지만 그 형제의 말을 신뢰하고 그들에게 "전적으로 성경만 배우고 또 배운 말씀을 다른 이들에게 전하는 일에만 힘쓴다면 성경을 가르쳐 주겠다"고 하면서 헌신 정도를 타진하고 이 세 사람을 한 팀으로 묶어 월요일부터 금요일까지 오전에 3시간씩 성경공부를 시작했다.

이들을 통하여 놀라운 역사가 일어났다. 첫 번째 형제가 작년에 여덟 가정을 전도하더니, 올해는 두 형제의 전도를 통해 22명이 예수님을 영접한 것이다. 그 중에 6명이 부활절에 세례를 받았다. 이들이 복음을 전한 사람들과 양육 받고 있는 이들은 남자 70명, 여자 71명, 어린이들 115명이었다. 주께서는 이런 일을 통하여 나를 위로했다.

주일예배를 시작하고 십일조를 드리다

아프간 형제들이 주일예배를 드리기로 결정했을 때, 얼마나 기뻤는지 모른다. 그들은 각 그룹별로 목요일이나 금요일에 신자들의 모임을 가졌다. 금요일이 공휴일이기 때문이다. 그러나 그들이 '주일'의 의미를 알고 주일예배를 드리기로 결정했으니 얼마나 반가운 일인가.

우리 크리스천은 주일예배를 통하여 예수 그리스도의 삶과 죽음과 부활을 세상에 선포한다. 주일예배를 드리지 않는다면 그리스도의 부활과 주께서 주신 부활 신앙을 소홀히 여길 수 있다. 창세기의 일곱째 날의 의미가 복음서의 안식 후 첫 날로 옮겨진 것에 대해 잘 알지 못하면 그리스도의 증인이 될 수 없다. 그런데 아프간 형제들이 주일예배를 드리기 시작한 것이다.

여섯 가정이 모여서 주일예배를 드리기 시작했고, 한 달에 한 번은 아이들도 참석해서 예배를 드렸다. 나는 이들의 예배에는 참석하지 않지만 그들이 드리는 예배의 내용을 확인하고, 그들이 증명할 말씀을 손질해 주고, 헌금을 관리하는 법, 심방하는 법을 가르쳐 주었다. 나는 아프간 형제들 스스로 자기 민족 교회, 자기 종족의 교회를 세워나가도록 돕는 역할만 할 뿐이었다.

그들이 주일예배를 드리기 시작하자 한두 가지 문제들이 생기기 시작했다. 헌금 문제가 제일 민감했다. 어떤 선교사는 "아프간 사람들이 모두 가난한데다가 그들의 생활비도 사실 선교사의 주머니에서 나오는데 헌금을 강요하는 것은 옳지 않다"고 하면서 헌금하는 것을 반대하고 나섰다. 그러나 아프간 형제들은 내 권고를 받아들여 세 사람을 위원으로 선정하고, 액수는 그리 많지 않지만 주일헌금을 관리하게 했다.

서구 선교사들과 일하다 보면 그들의 주장에 동의할 수 없는 경우가 가끔 생긴다. 그럴 때면 적지 않게 고민하게 된다. 그럴 때마다 아프간 형제들이 하나님의 말씀을 잘 배우고, 교회도 튼튼히 세우고, 바른 목회를 배울 수 있는 신학교를 세웠으면 하는 생각이 든다. 복음의 문이 활짝 열려 그런 신학교를 아프가니스탄에 세울 수 있길 기도한다.

1999년 10월 16일, 그리스도께 헌신한 형제들의 기도와 전도로 이슬람학교^(마드라사)에서 27년 동안 꾸란을 가르친 한 마울라나^(이슬람 법학자)가 세례를 받았다. 그는 내가 전해 준 다리어 신약성경을 읽고 질문할 것이 있으면 자기 친구를 통해 내게 질문을 하고 나는 다시 그 친구를 통해 답변하는 식으로 성경을 공부했다. 이슬람 사원 안에는 두건으로 성경을 가리고 읽었다고 한다. 마침내 예수님을 자기의 구주로 영접하여 다른 11명의 아프간 형제들과 함께 카불 강에서 세례를 받았다. 이것은 아프가니스탄 선교 역사상 가장 놀라운 회심 중의 하나였다. 그가 개종한 사실이 밝혀지면 즉각 살해될 수 있다. 예수님 곁에 니고데모와 아리마대 요셉과 같은 인물들이 있었던 것처럼, 그도 주님을 위하여 중요한 일을 감당할 수 있기를 기대한다.

다리어 '창세기' 번역

창세기 공부가 끝나자마자 세 형제들과 함께 창세기를 다리어로 번역하기 시작했다. 비록 세계성서공회가 공인한 번역 작업은 아니었지만, 창세기를 번역하면 무슬림들의 거짓말이 밝히 드러날 것이다. 그때까지만 해도 아프간 성도들이 사용하고 있는 유일한 성경은 다리어 신약성경뿐이었다. 그것은 맹인 지아 노르드라트 형제가 이란어 성경으로부터 번역한 것이다. 뜻을 같이 하는 형제들이 모여 자기들의 언어로 창세기를 번역하기로 결심했다.

두 달 반에 걸쳐 총 112쪽에 달하는 '다리어 창세기'가 탄생했다. 아프간 사람들이 직접 번역하고 출판한 첫 번째 성경이었다. 파키스탄의 페샤와르에 있는 한 인쇄소에서 타이핑 작업을 한 후 500부를 찍었다. 그 무렵 페르웨즈 무샤라프가 무혈 쿠데타를 일으켜 나와즈 샤리프 수상을 몰아내고 권좌에 올랐다. 군부의 검열을 두려워한 인쇄소 사장이 교정된 내용을 수정하지 않고 그대로 인쇄했다는 것이 아쉬웠다. 그러나 자기들의 언어로 창세기를 읽게 된 아프간 형제들은 무척이나 기뻐했다. 무슬림이 운영하는 인쇄소에서 하나님의 말씀을 찍다니 이 얼마나 놀라운 일인가!

사실, 동료 서구 선교사들은 이 작업을 반대했다. 세계성서공회(UBS)에서 페르시아어 구약성경 번역을 거의 끝냈다는 것과 공인 번역이 아니라는 두 가지 이유에서였다. 그러나 내 의견은 조금 달랐다. 아프간 형제들이 쓰는 이란어 성경은 고어가 많고 아랍어가 많이 섞여있어 읽기 어렵다. 최근에 출판된 번역본은 성경을 깊이 공부하는 이들에게는 만족할 만한 번역이 아니었다. 아프간 사람들은 자기들의 언어, 곧 다리어나 파슈투어로 번역된 성경을 가져야 한다. 이란어와 다리어는 다른 언어이다. 내가 이란어 성경을 갖고 이란식 발음과 문체를 쓰면 "모세, 당신은 이란어를 합니까, 아니면 다리어를 합니까?" 하고 묻는다. 그러면 나는 "다리어 성경이 있으면 내가 왜 이란어 성경을 사용하겠습니까?" 하고 대답할 수밖에 없었다. 나는 우리 형제들의 창세기 번역을 반대했던 한 미국 선교사에는 이렇게 대답했다.

"개신교 선교사역이 시작된 지 몇 년이 되었습니까? 다리어 신약성경이 번역된 지 몇 년이 지났습니까?(1984년에 출판되었음) 내가 알기로 한 아프간 사람이 미국에서 번역한 구약의 초본이 교정을 받기 위해 페샤와르에 보내진 것으로 알고 있는데, 그것을 받은 기관에서는 아직 그 일조차 시작하지 않고 있습니다. 아프간 형제들은 자기들의 언어로 번역된 구역성경을 속히 갖고 싶어 합니다. 이것은 이란어 성경으로 창세기 전체를 공부한 아프간 형제들이 그 말씀을 다른 형제들도 전해야 한다는 뜻을 갖고 우리집에 자발적으로 모여서 직접 번역한 것입니다. 나는 그들의 뜻에 공감하여 지원한 것 뿐입니다. 아프간 교회와 형제들의 필요는 한 기관의 프로젝트보다 더 중요합니다."

이 다리어 창세기를 읽는 무슬림마다 그들의 신앙의 뿌리가 어떻게 왜곡되었는지를 깨닫고 참 하나님을 발견하게 될 것을 기대한다. 아프간 형제들도 이 성경으로 말미암아 하나님의 말씀을 더 사모하게 될 것이다.

아프가니스탄 선교는 정말 불가능한가?

"10/40창의 중앙에 있는 아프가니스탄 지도 위에 선교 불가능(Mission Impossible)이라는 딱지를 붙여 전 세계교회와 선교기관과 선교사들에게 보냅시다!"

이것은 잘랄라바드에서 사역하는 어느 미국 선교사가 아프가니스탄 사역의 어려움과 세계교회들의 무관심에 대한 안타까움과 서운함을 잘 드러낸다. 나 역시 답답한 심정을 털어놓겠다. .

1999년 7월. 카불에 있는 형제들에게 성경을 전달해야만 했다. 그래서 어느 선교사에게 숨겨둔 성경책을 그들에게 보내 줄 수 있느냐고 물었다. 그는 난색을 하면서 자기들은 "성육신적인 방법으로 선교하기 때문에 도와줄 수 없다"고 했다. 도무지 납득이 가지 않는 말이었다. 성경책을 보내 달라는 데 성육신적 선교 방법을 왜 들먹이는지.

하나님의 말씀을 읽고 싶어서 수백 킬로미터 떨어진 곳까지 사람을 보내어 성경책을 보내 달라고 요청하는 판국에, 같은 지역에서 살면서도 '선교지에 있음(presence)'을 더 중요하게 여기는 것이 성육신적인 방법이라고 생각했다면 그는 '그리스도의 선교 방법'을 오해한 것임에 틀림없을 것이다. 선교가 종종 어렵게 느껴지는 것은 선교사들 자신이 갖고 있는 경직된 사고를 제대로 풀지 못하기 때문이다. 선교사를 이 나라에 보내시는 주님의 마음을 잘 헤아려 보는 것이 무엇보다 중요하다.

아프가니스탄은 반목과 질시, 분노와 복수의 나라다. 지금도 전쟁은 계속되고 많은 사람들이 죽어가고 있으며, 난민이 수십만 명에 달한다. 그러나 지금은 더 이상 관심을 기울이지 않는다. 국제기구가 지난 20여 년간 엄청난 돈을 쏟아 부었지만 밑 빠진 독에 물 붓기였다. 유엔 산하 기관들은 이미 예산을 감축했고, 비정부기구(NGO)는 겨우 그 명맥을 유지할 뿐이다.

넘어야 할 벽이 많다고 해서 불가능하다고 단언해서는 안 된다. 아프가니스탄에는 아직도 복음을 듣지 못한 종족이 많다. 아무리 선교신학이 발달하고 다양한 선교 정책이 개발된다고 해도 예수님의 지상명령보다 앞서가는 것은 아무 것도 없다. 아프가니스탄 선교가 불가능한 것이 아니라 주님의 명령에 대한 순종과 눈물의 기도, 지속적인 헌신, 영혼에 대한 열정, 오래 참음과 절제가 고갈되어갈 뿐이다.

아프가니스탄은 중앙아시아 문명의 교차로이다. 아시아를 지배한 제국들과 위인들, 곧 마케도니아의 알렉산더 대왕, 몽골의 칭기즈칸, 무굴 제국의 티무르, 동방견문록을 쓴 마르코 폴로, 왕오천축국전을 쓴 신라의 승려 혜초, 당나라 군대를 지휘하고 서역 정벌에 나섰던 고구려 출신 고선지 장군 등은 물론 세계의 지붕인 파미르 고원과 힌두쿠시 산맥 등과 같이 이름들만으로도 가고 싶은 나라가 아프가니스탄이다.

아프가니스탄은 초대교회의 사도 도마로부터 시작하여 시리아교회, 페르시아교회, 네스토리우스교회, 동양교회, 로마가톨릭교회, 프로테스탄트

교회의 선교사들이 통과하여 아시아 선교의 교두보를 구축했던 곳일 뿐만 아니라 그 통로의 역할을 한 곳이다. 이러한 선교 역사를 우리 시대에 아프가니스탄에서 재연할 수 있다면 얼마나 좋을까.

지금은 예배당 하나 세울 수 없는 공포의 땅이지만 언젠가는 산과 골짜기마다 예배당 종소리가 들릴 것이다.

아멘 주 예수여 오시옵소서(계 22:20).

복음의 밀수꾼이 되다

_송재홍

1990년부터 오엠에서 사역을 시작했으며
터키, 런던, 뉴질랜드에서 사역했고
현재는 한국오엠에서 선교훈련을 담당하고 있다.

영적 어머니 프랜

군대를 제대하고 학교에 복학하면서 나는 유학의 꿈을 키웠다. 영어에 대한 고민과 관심을 갖게 되면서 오엠에스(OMS)한국선교사로 대학에서 영어를 강의하는 투르드 교수와 긴밀한 교제를 하기 시작했다. 그곳에서 프랜을 만났다. 60대 후반의 나이에도 멋지신 분이었다. 프랜의 남편 피터슨은 공군대령 출신이었다. 영어공부반에는 젊은이도 있고 나이 드신 분도 있었다. 프랜은 한국말을 조금 할 줄 알았는데, 모두 북한사투리였다. 알고 보니 프랜의 아버지가 북한지역에서 사역을 했고, 한국전쟁이 발발하기 전까지 십대 시절을 한국에서 보냈던 것이다. 한국전쟁이 벌어지면서 미국으로 돌아가서 학교를 마치고 인도에도 오랫동안 살았고, 남편과 사별 후 한 선교수련회에서 지금의 남편을 만나 재혼을 하시고, 한국을 다시 찾은 것이었다.

나는 프랜에게 특별훈련을 받았다. 그것은 『리더스 다이제스트』를 소리를 내서 읽는 것이었다. 영어공부치고는 그 방법이 좀 유치해 보였다. 그런데 '처치(Church)'와 '칼리지(College)'의 발음 때문에 애를 먹었다. 내 딴에는 자신 있게 발음을 했는데 자꾸 틀렸다고 지적하는 것이었다. 언어를 배우는 과정에서 발음의 중요성을 뼈저리게 경험하는 순간이었다.

프랜과 피터슨은 가끔 나를 미군부대에 데려 갔다. 또 외국손님들이 올 때면 나를 꼭 초청해서 외국인들과 직접 대면하게 하곤 했다. 내성적인 성격으로 인해 그때마다 수줍고 당황스러웠다. 그러나 그 모든 시간들이 내겐 축복이었다.

1989년, 기말고사도 끝나고 모두 교회 여름사역으로 분주했다. 도서관은 텅 비고, 나는 모처럼 여유 있게 자리를 차지했다. 그런데 고민거리가 생겼다. 유학을 가기 전에 단기선교 프로그램에 참여해 보라는 프랜의 권유 때문이었다. 선교에는 관심조차 없는 내게는 프랜의 말은 큰 부담으로 다가왔다. 그뿐만 아니라 프랜이 준 흰 봉투 안에는 미국은행에서 발행한 개인수표가 들어있었다. 그 무렵 교내에는 오엠의 "러브 유럽" 포스터가 붙어있었다. 유럽까지 갈 경비도 문제지만 선교라는 단어 자체가 나와는 거리가 멀다고 생각했다.

결국 하나님께 묻기로 했다. 그래서 새벽기도회 때마다 간절히 기도했다. 여전히 답을 얻지 못하고 전전긍긍했다. 도서관 뒤 산책로 근처엔 나만의 기도처소가 있었다. 도저히 공부에 집중할 수가 없어 큰 바위에서 무릎을 꿇고 기도했다.

"유럽, 이제 복음이 필요하다"는 슬로건이 새롭게 다가오면서, 유럽을 가보는 것도 좋은 경험일 것이라는 생각이 들었다. 마음이 정해지자 산에서 내려오자마자 프랜에게 전화를 걸었다. "러브 유럽"에 참가하겠다는 말을 전했더니 매우 기뻐했다. 유럽으로 떠나기 전까지 프랜 부부는 나를 위해 기도해 주셨다. 그 후에도 17년 동안이나 나를 위해 기도하셨고, 엽서와 편지로 계속 격려해 주셨다.

러브 유럽에 대한 생각을 주변에 이야기하자 친한 친구들도 함께 가겠다고 말했다. 친구들과 함께 본격적으로 준비 작업에 돌입했다.

나의 무지를 용서하소서

나는 유럽의 상황을 들으며 많이 놀랐다. 유럽의 수많은 도시들이 무슬림 이주민들로 인해 이슬람화 되어 가고 있었다. 유럽은 더 이상 기독교 대륙이 아니었다. 오엠 선교사 대다수가 나 같은 젊은이였다. 신학을 전공하지 않은 평신도들이 더 많았다. 나는 가급적 한국인들이 잘 가지 않는 곳으로 가고 싶었다. 벨기에가 적격이었다. 대다수의 참가자들은 영국, 프랑스, 독일을 선호했다. 그러나 나는 도시 무슬림 선교팀에 지원했다.

벨기에의 겐트로 옮겨가 본격적인 전도사역을 했다. 우리 팀은 14명 정도로 다른 팀에 비하여 적었다. 우리 팀은 작은 교회 건물을 숙소로 사용하여 매일 짝을 이루어 무슬림을 대상으로 전도했다. 그 도시엔 유난히 터키 이주 노동자가 많았다. 짧은 터키어 실력으로 터키어 성경과 전도책자를 배포하는 일을 했다. 영어가 가능한 동료들은 그곳 젊은이들과 논쟁까지 벌였다.

우리 팀의 리더는 네덜란드 출신의 싱글 자매 선교사인 미리암이었다. 그녀는 터키에서 5년 정도 선교하다가 추방을 당해서 벨기에에 머물고 있다고 했다. 내 나이 또래인 미리암으로부터 터키 선교이야기를 들었다. 들으면 들을수록 내 자신이 부끄러웠다. 나의 무관심과 무지 때문이었다. 하나님께 기도하지 않을 수 없었다.

"하나님, 나의 무지를 용서하소서!"

한 터키인 가정에 초대를 받았다. 그곳에서 한 청년을 만났는데 내가 한국인이라는 사실을 알고 자기 아버지가 초대하고 싶다고 했다는 것이다. 도착하니 여러 명이 모여 있었다. 모두 나를 보기 위해 왔다고 했다. 청년의 아버지는 내 뺨에 뜨거운 입맞춤을 세 번 이상 했다. 눈물이 그렁그렁한 눈으로 바라보시며 자기들은 코렐리(한국인)을 사랑하며 한국인들과 피를 나눈 형제들이라고 말했다. 자세히 보니 그분은 한쪽 팔을 잘 쓰지 못했다. 한국전쟁 참전 용사였고 한국전쟁 중 한쪽 팔에 유탄을 맞아 팔을 쓸 수 없게 되었다고 했다. 그 말을 들으니 함께 피를 나눈 형제라는 말이 더 이상 당황스럽지 않았다.

러브 유럽이 끝나는 주간에 네덜란드 디브론으로 이동했다. 2주 동안 안내 창구에서 일하면서 복음을 듣기 원하는 곳이 얼마나 많은지 확인했다. 얼마나 많은 곳에서 복음을 전할 일군들이 필요한가를 보기 시작했다. 혹시 하나님이 나를 터키로 부르신 것은 아닐까?!

그러나 여전히 많은 의문점을 품은 채 한국으로 돌아왔다. 2학기를 맞으며 새로운 일을 시작했다. 먼저 이슬람 국가들 가운데 무슬림이 90%가 넘는 나라의 기도정보를 친구들과 공유하는 일이었다. 우리는 매주 월요일 저녁 기도모임을 시작했다. 기도모임 때마다 탄식이 쏟아져 나왔다.

그러나 선교사의 길을 걸으려면 몇 가지 관문을 통과해야 했다. 제일 먼저 유학의 꿈을 접어야 했다. 유학을 포기한다는 것은 내 인생진로를 통째로 바꾸는 것과 같기 때문에 결단이 필요했다. 또 나이 드신 어머니는 내가 넘어야 할 또 하나의 관문이었다.

복음의 밀수꾼이 되다

드디어 내 마음을 정했다.
"주님 제가 순종하겠습니다."
무릎을 꿇고 기도할 때 주체할 수 없는 눈물이 내 눈에서 쏟아져 내렸다. 주님의 뜻을 그렇게 헤아리지 못하다니, 죄송한 마음이 사라지질 않았다. 그때 주님은 내게 마태복음 28장 16-17절 말씀을 통해 응답하셨다. 부활한 주님을 만나러 감람 산에 올랐던 제자들 그러나 그들 중에 의심하는 자들이 있다는 것이다. 주님은 복음을 전하는 일이 얼마나 급하신지, 의심하는 제자들을 향하여 "너희는 가서 모든 족속으로 제자를 삼으라"고 말씀하셨다. 나의 상황이나 조건이 아니라 주님의 부르심과 명령이 우선이라는 것을 깨달았다.

종종 선교훈련생들이 묻는다.

"선교사님, 선교사 소명을 받을 때 받으셨던 말씀이 있으세요?"

그때마다 나는 "아직도 의심하는 사람들이 있더라^(마 28:17)"라고 대답한다. 선뜻 이해가 안 가는지 그 말을 듣고는 모두 고개를 갸우뚱한다.

5명의 신임 선교사가 터키로 가게 되었다. 우리에게 주어진 임무는 차량을 받아 터키어 성경과 전도책자를 터키로 가지고 들어가는 것이었다. 독일, 오스트리아, 헝가리, 유고, 불가리아를 거쳐 무려 나흘 동안 자동차 여행을 해야 했다. 낮에는 운전을 하고, 밤에는 차를 세우고 침낭생활을 하면서 야영을 했다. 군에서도 해 보지 않은 야영이었다.

어느 날인가 새벽녘 너무 추워 눈을 떠보니 보슬비가 내리고 있었다. 다들 너무 피곤해서 비가 오는지도 모른 채 자고 있었다. 나는 형제들을 깨워 비를 피할 곳을 찾았다. 그나마 비를 피할 수 있는 허름한 곳간에서 잠을 더 청하려 했지만 이미 침낭이 비에 젖어서 뜬눈으로 지내야 했다.

하지만 주를 위해 이런 고생을 할 수 있다는 것이 오히려 감사한 마음이 들었다.

자동차 여행을 하면서 발견한 사실은 일단 독일과 오스트리아를 지나고 나면 그 다음 펼쳐지는 건물들은 거의가 회색빛을 띤 아파트라는 것이었다. 심지어 도로변의 가로등 대신, 나무에 흰색 페인트를 칠해서 도로임을 알릴 정도로 구 동구권 국가들은 경제적 빈곤에 시달리고 있었다. 또한 각 나라를 통과할 때마다 그 나라가 갖고 있는 영적인 분위기가 확연히 느껴졌다. 그때마다 차를 세우고 그 나라를 위한 중보의 기도를 했다.

새벽 3시가 지나, 터키 국경으로 들어섰다. 우리는 트렁크에 실린 터키어 성경과 전도책자들이 문제가 되지 않도록 간절히 기도했다. 만일 발각이 된다면 5명 모두는 터키입국은 고사하고 우리를 향한 모든 선교의 문은 닫혀 버릴 수 있는 순간이었다.

"주님, 눈을 볼 수 없는 소경의 눈을 뜨게 하실 수 있는 하나님이시라면 눈 뜬 자의 눈을 가리는 일도 주님은 하실 수 있습니다. 그래서 주의 말씀과 전도책자들이 무사히 터키의 영혼들에게 전달 될 수 있도록 주님 역사하여 주시옵소서."

주님은 즉각적으로 우리의 기도를 응답했다.

국경 경비원이 차의 트렁크 문을 열어 보고는 차에 실려 있는 남루한 우리의 짐들을 보고는 큰 경계심 없이 트렁크 문을 닫고, 어떻게 국적이 다른 사람들이 같이 여행을 하느냐는 질문을 할 뿐이었다. 국경을 통과한 후 우리 5명의 신임 선교사들은 서로 부둥켜안고 "할렐루야"를 외치며 기뻐했다. 여름 전도집회에 사용될 수천 권의 성경책과 전도책자들을 무사히 갖고 들어갈 수 있었기 때문이었다.

가로등의 희미한 불빛과 함께 이스탄불은 안개 속에 서서히 그 모습을 드러내고 있었다. 우리 모두가 동일하게 성령님의 감동을 받았다. 우리는 그분 앞에 무릎 꿇고 감사기도를 드렸다.

저는 소입니다

나의 첫 터키 생활은 언어를 배우는 일에서부터 시작되었다. 터키의 수도 앙카라에서 멕시코, 영국, 터키 형제 한 명과 공동생활을 시작했다. 어느 날, 학교에 가기 위해 버스를 타야 했다. 그런데 차에서 내릴 때엔 "브라다 이넥바-르"라고 외쳐야 한다고 배웠다. 내게 터키어를 가르쳐 주었던 앞집 사는 청년은 그렇게 가르쳐 주었다. 그는 친절하게도 종이에 직접 그 말을 써주기까지 했다.

여러 번 연습을 했기 때문에 발음에 자신이 생겼다. 드디어 그 말을 써먹을 때가 왔다. 드디어 내가 내려야 할 곳이 눈에 들어왔다. 나는 느긋한 목소리로 운전기사를 향해 외쳤다.

"브라다 이넥바-르"

순간 버스 안에 있던 사람들이 큰 소리로 웃기 시작했다. '뭔가 잘못되었구나.' 즉각적으로 알아챘다. 이미 내 얼굴은 달아오른 뒤였다. 학교에 도착해서 첫 수업을 하면서 버스 안에서의 사건이 계속 떠올랐다. 왜 사람들이 그렇게 웃었는지 이유를 알 수 없었기 때문이다. 수업을 마치고 돌아가는 길에 다시 버스를 탔다. 눈에 익숙한 슈퍼마켓이 보이자 얼른 버스기사에게 말했다.

"브라다 이넥바-르"

이번에도 버스 안의 사람들은 웃음을 터뜨렸다. 나는 당황하여 집을 향해 냅다 달음질쳤다. 도대체 무엇이 잘못된 것일까? 궁금하기 짝이 없었지만 부끄러워 물어볼 수도 없었다.

그리고 내가 연습했던 문장을 천천히 다시 읊조렸다. "브라다 이넥바-르"그러자 내 룸메이트인 선교사도 웃음을 터뜨리는 것이 아닌가!

순간 내 얼굴은 홍당무가 되었다. 알고 보니 터키 청년이 가르쳐준 문장 가운데 한 단어가 틀린 것이다. 즉 '이네젝(Innecek)'이라는 동사가 영어에 'Get off내리다'인데 정말 한끝 차이로 잘못 발음한 것이다. 내가 그렇게 자신 있게 외쳤던 '이넥(Inek)'이라는 말은 '소'라는 명사였다. 결국 나는 "여기에 소가 있습니다. 저는 소입니다."라고 외쳤던 것이다. 앞집 청년에게 보기 좋게 당한 것이다.

지금도 나는 또 다른 언어를 배워 사용하고 있다. 언어를 배울 때마다 실수를 생략할 수는 없다. 어쩌면 우리가 새로운 언어를 배운다는 것은 하나님을 신뢰하는 과정일 수도 있다. 낯선 언어 앞에서는 아무것도 모르는 아이가 된다. 어린아이가 되지 않으면 언어를 배울 수 없다. 그 후 나는 실수를 하면 할수록 겸손해지며 하나님의 도움을 구하게 되었다.

"주님, 저는 당신의 소입니다. 묵묵히 순종하겠습니다."

바울과 실라처럼

"하나님 저로 하여금 이 땅에서 복음을 전하게 하시며 이슬람 선교의 전문가가 되게 하여 주시옵소서!"

내가 늘 했던 기도이다. 어느 날, 같은 팀에 있던 캐나다 선교사로부터 전화가 왔다. 터키 동부의 어느 도시에 성경통신강좌(Bible Correspondence Course)를 마친 사람을 만나 전도하는 것을 도와달라는 부탁이었다. 10시간이 넘게 버스를 타야 하는 그곳에 혼자 간다는 것은 위험천만이었다. 우리는 함께 가기로 약속했다.

30대 초반의 젊은 사람이 우리를 기다리고 있었다. 동료 선교사는 열심히 복음을 전했고, 나는 통역을 도와주었다. 그는 흔쾌히 복음을 받아들이고 영접기도까지 했다. 뭔가 이상하다는 느낌이 들 정도로 그 사람의 태도는 적극적이었다. 우리는 다시 앙카라로 돌아오는 버스 터미널로 향했다. 그런데 터미널에 도착하니, 방금 전도했던 터키인과 4명의 사복경찰이 우리를 기다리고 있었다. 그들은 우리를 잠시 호텔로 모시겠다고 말했다. 호텔이란 곧 그 지역 경찰서였다.

결국 우리는 유치장에 구속되었고, 4일간을 지속적인 심문을 받았다. 때로는 아주 강하고 원칙주의자적인 경찰관, 때로는 아주 친절하고 부드러운 경찰관, 때로는 우리를 회유하려는 경찰관 등. 다양한 형사들이 우리를 심문했다. 일종의 심리전을 편 것이다. 긴 나무 의자에서 쪽잠을 자며, 그들의 심문을 받았었다.

시간이 갈수록 두려움이 강해졌다. 별의별 생각들이 다 스쳐갔다. 심문하던 형사가 종이 한 장을 내밀었다. 알만한 선교단체의 리스트가 적혀있는 종이였다. 그리고 각 단체의 리더들 이름을 내게 말하여 주면서 자신들은 다 파악하고 있으니, 어느 단체 소속이냐고 물었다. 하나님은 내게 담대함을 주셨다.

"나는 모든 단체에 관련되어 있습니다."

사실 앙카라 국제교회에는 모든 선교단체의 선교사들이 함께 모여 예배를 드리기에 맞는 말이기도 하다. 그가 다시 물었다.

"그렇다면 당신은 선교사인가? 선교사는 어떤 사람인가?"

나는 대답했다.

"선교사는 기독교의 교리를 전파해서 사람들을 기독교인으로 개종시키는 일을 하는 사람입니다. 모든 크리스천은 선교사입니다. 당신네 무슬림도 다른 나라에 가서 살 때면 모두 이슬람교의 선교사로 살지 않습니까?"

공교롭게도 우리가 체포된 시기가 라마단과 일치해서 우리에게 먹을 것을 주는 것도 잊은 듯 했다. 우리는 자연스럽게 금식을 하게 되었다. 바울과 실라가 금식을 하며 찬송을 할 때 옥문이 열렸다는 데 왜 여기 옥문은 열리지를 않을까?

앙카라에 있는 내 아파트 방에서 수백 권의 터키어 성경과 수천 권의 터키어 전도책자와 기독교 서적이 발견되었다며 내가 선교사가 맞다고 경찰이 이야기했다. 그 말에 온 몸에서 힘이 빠져나가는 듯 했다. 법정에서 유죄를 받을 것이라는 두려움이라기보다는 내 비전이 순식간에 무너지는 것 같았기 때문이다. 이대로 추방을 당한다면 나는 무엇을 해야 할까? 갑자기 모든 것이 공허하게 느껴졌다.

그날 밤 나는 말없는 서러움으로 눈물의 기도를 드렸다. 그때 주님이 내게 물으셨다.

"네가 나를 사랑하느냐?"

"네 주님 제가 주님을 사랑합니다."

"내가 원하는 것은 어떤 일이 아니라 너 자신이다. 네 인생을 내게 줄 수 있느냐?"

사실 나는 주님께 나의 모든 것을 드렸다고 생각했다. 그런데 이런 어려움에 처하고 보니 나를 불러낸 캐나다 선교사와 하나님께 원망을 하고 있지 않은가? 나는 늘 만들어진 모습으로 주님 앞에 서려고 했다. 또 내 방식대로 헌신하여 터키를 변화시킬 것이라고 다짐했다. 그러나 이것이 얼마나 큰 교만인지 주께서 보여 주셨다.

캐나다 영사관에서 직원의 방문으로 우리가 앙카라로 올라가게 되었다는 사실을 들었다. 이 사건으로 인해 나는 이카멧이라고 불리는 거주비자를 상실했다. 그리고 한 달 안에 터키를 떠나라는 명령을 받았다.

내 친구, 내 형제

앙카라의 디크멘은 터키에서의 가장 따뜻한 보금자리였다. 크즐라이에서 돌무쉬(터키의 일반적인 교통수단으로 작은 마을버스 같음)를 타고 디크멘으로 올라오노라면 여기 저기 소형 아파트며 붉은색 지붕이 마치 70년대의 한국을 연상시켰다. 그곳엔 좋은 이웃이 많았다. 언제나 마주치면 인사를 나누던 동네아저씨들, 특별히 아침이면 빵과 우유를 사러 갔던 가게 아저씨는 항상 재미난 이야기로 너스레를 떨며 이방인인 나를 웃기곤 했다. 경찰이 내집을 압수 수색한 사실도 이웃들은 알고 있었고 특별히 내 앞집의 교육공무원으로 일하는 아흐멧 베이, 아저씨 집은 경찰들의 탐문 수사가 있었는지 경찰의 수많은 질문들을 받았던 모양이다. 그런데도 그분들은 아무렇지도 않은 평소처럼 나를 반겨주었다.

참으로 신기했던 것은 앞집 청년과 방문했던 할머니의 시골집에 70년대 한국에서 사용하던 앉아서 먹는 원형의 앉은뱅이 식탁이 있었다. 하얀

면으로 된 천으로 무릎을 덮어 책상 다리로 앉아 빵이며 치즈와 양고기를 나누는 마치 어린 시절의 식탁문화와 닮은 점이 많았다. 동네 할머니와 할아버지는 말도 제대로 알아듣지 못하는 이방인을 밭으로 산으로 데리고 다니면서 내가 먹어 보지 못했던 열매들을 따서 먹어 보라고 주기도 했다.

이웃집의 대학생 청년은 나에게 아주 소중한 이웃이자, 친구이자, 동생이었고 그리고 내가 정말 복음을 나누고 싶어 했던 전도대상자였다. 15년이 되도록 한 명의 결신자를 얻기 어려웠던 그 시절의 터키에서 마음을 열고 친분을 나눌 수 있는 사람을 얻는다는 것은 쉬운 일은 아니었다. 나는 나름 열과 성을 다해 이 청년을 결신자로 얻고자 애를 썼다.

언제부턴가 나를 한국어로 형이라고 부르기 시작하고 하루의 절반은 나의 집에서 놀며 공부도 하고 터키어 공부도 도와주는 정말로 귀한 동생이었다. 언제부턴가 나는 그에게 집 열쇠를 주어 언제든 들고 나갈 수 있는 특권을 부여했다. 나는 날마다 침대에 무릎을 꿇고 이 친구를 위해 기도했고 함께 생활하고 있던 터키 형제를 위해서도 기도했다.

그런데 하루는 내가 외출한 사이에 이 친구가 방에 들어와 노트북을 갖고 놀고 있었나 보다. 뭘 잘못 눌렀는지 노트북 하드 전체를 포맷을 해 버리고 말았다. 그때 나는 3일 넘게 공부하고 있던 코스의 세미나 준비를 밤새워서 해놓은 상태였고, 소논문을 작성하고 있었는데, 하드 드라이브에 저장되어 있던 모든 자료들이 사라져 버린 것이다.

나는 너무 속상하고 화가 나서 이 친구를 불렀다. 그리고는 정말로 심하게 야단을 쳤다. 다시는 내가 없을 때 집에 들어오지 말고 내 물건을 절대로 손대지 말라고 다짐을 받았다. 조금은 심하다 싶을 정도로 야단을 쳤지만 그래도 분은 풀리지 않았다. 그런데 그 이후로 그 친구가 보이지 않았다. 근 4주가 넘게 얼굴을 마주치지 않았다.

무언가 잘못되어 가고 있었다. 몇 번을 집을 찾아가 그 친구 어머니에게 내가 찾아 왔었노라고 말을 전했지만 아무런 연락도 없었다.

사랑해서 선교를 하는가? 선교를 위해 사랑하는가?

한달이 지나서야 전화 통화가 되었고, 집에서 만나게 되었다. 그리고 나는 정말 진지하게 사과를 하고 용서를 구했다. 내가 정말 화가 났었노라고……. 그리고 아주 힘들게 작업한 것들이 날아가 버려서 그랬다고 말했다. 아흐멧도 대학생이기에 내 심정을 이해했는지 사과를 받아 들였다. 그리고 자기도 미안하다며 사과를 했다. 그리고는 내가 평생 잊을 수 없는 질문을 내게 했다.

"형(그는 늘 나를 형님아 하고 불렀다.)은 나를 정말로 사랑하기 때문에 내가 크리스천이 되기를 원하는 거야? 아니면 나를 크리스천으로 만들기 위해서 나에게 잘 대해 주고 사랑하는 거야?"

나는 뒤통수를 망치로 맞는 기분이었다. 당연히 내가 너를 사랑하니까 네가 나처럼 복음을 이해하고 구원 받기를 원한다고 말은 했지만 그 질문은 내 마음속에 계속 울림으로 남아 있었다. 집에 돌아와 기도를 하는데, 주님은 정직한 마음을 보여 주었다. 사실은 나는 그 한 사람을 주님 앞으로 인도하기 위해, 아니 더 정직하게 말하면 적어도 단 한 명은 내 사역기간 동안 주님을 믿은 결신자가 있었노라는 사실을 말하고 싶었던 부담과 마음이 있었음을 보여 주셨다. 내가 정말로 이 친구를 순수한 마음으로 아무런 사역적인 목적과 상관없이 사랑했는가? 나는 주님 앞에 그날 참담한 느낌을 받았고, 많이 울 수밖에 없었다. 나는 다시 한 번 주님 앞에 무장해제를 했다. 무릎을 꿇고 기도하는 내내 비통의 눈물이 쏟아져 내렸다.

"주님, 제가 능력 있는 선교사가 되지 않아도 좋습니다. 그러나 내가 만나는 사람들을 그리고 이 형제를 정말로 아무런 목적 없이 진실하게 사랑할 수 있도록 도와주십시오. 제가 선교사인 것을 내려 놓습니다."

그런데 이틀 뒤에 주님은 데살로니가전서의 경건의 시간의 말씀을 통하여 말씀했다. 바울은 데살로니가 교회에 편지를 하면서 이렇게 고백하는 것이 아닌가?

우리가 이같이 너희를 사모하여 하나님의 복음뿐 아니라 우리의 목숨까지도 너희에게 주기를 기뻐함은 너희가 우리의 사랑하는 자 됨이라

(살전 2:8)

특별히 "하나님의 복음뿐 아니라 우리의 목숨까지도……"라는 말씀은 내게 너무나 큰 충격으로 다가왔다. 바울은 단순히 복음을 전하는 사람이 아니었다. 그는 정말 진심으로 사랑하는 사람이었다.

내 친구의 충격적인 질문에 대한 답을 주님은 데살로니가전서 2장의 이 말씀을 통하여 답하여 주셨다. 지금도 이 말씀은 나를 지켜 주는 말씀이다. 선교사가 단순히 교회에 나오게 하고 전도하는 데에만 관심이 있는지 아니면 자기 자신들을 진심으로 대하고 있는지를 그들은 너무나 잘 알고 있었다.

런던에서의 짧은 2년의 사역기간 동안, 나는 이 교훈을 통해서 만나는 이들을 진심으로 대하려 애를 썼다. 사람들의 마음은 통하는 것이라 처음 런던에 도착했을 때 3-5명이 출석하던 우리 터키 교회가 나중에는 40여 명이 넘는 인원으로 성장하고, 2년 사이에 20여 명이 넘는 사람들이 주님을 영접하고 침례를 받는 은혜를 주셨다. 그리고 어느덧 터키교인들은 나를 "그들의 목사님"이라고 불러 주었다.

가끔은 우리는 하나님의 마음보다는 나의 열정과 나의 사역에 대한 야망으로 치달을 때가 많음을 발견한다. 그럴 때마다 앙카라에서 들었던 터키 아우의 그 충격적인 질문과 말씀을 통해서 주셨던 놀라운 진리가 나를 붙잡아 주곤 한다.

나는 지금 안식년이 되어 한국에 와 있다. 후배 선교사들의 합숙훈련 프로그램을 마치고 돌아와 선교사 게스트하우스에 앉아 이 글을 쓰고 있다. 그리곤 지난 23년의 시간을 돌아본다. 27살의 젊은 청년으로 시작했던 내가 이제는 오십을 넘긴 중년의 나이로 접어들었다. 수많은 일들과 시간들이 주마등처럼 스쳐 지나간다.

주님이 오엠을 통해 가르쳐 주신 놀라운 은혜는 하나님은 참으로 평범한 사람들을 놀랍게 사용하시기를 원하신다는 사실이다. 그리고 너무나도 분명한 것은 영혼을 구하는 일은 선교사의 언어능력이나 논리적 탁월성에 있는 것이 아니라, 영혼을 진심으로 사랑하는 마음을 갖게 될 때, 즉 태도야말로 선교 사역의 가장 근본이 된다는 사실이다.

나에게 한 가지 소망이 있다면, 더 많은 한국의 젊은이들이 하나님이 사랑하는 이 세상을 향한 꿈과 비전을 갖고 세계 곳곳에 퍼져 나가 이름도 빛도 없이 한 알의 썩어지는 밀알처럼 그 민족을 사랑하는 사랑의 전달자가 되기를 원한다.

그리고 그리스도 앞에 자신을 기꺼이 내어 드릴 수 있는 16살의 젊은 나이부터 주의 복음을 위해 헌신한 조지 버워와 같은 주님만을 높여 드리는 한국의 젊은이들이 나오기를 기도해 본다.

지난 23년간의 세월 속에서 나는 많은 실패와 좌절과 절망을 경험했다. 주님의 은혜와 허물을 용서하고 받아 주는 동역자들과 수많은 이들의 사랑 때문에 오늘 내가 존재할 수 있음을 너무나 뼈저리게 느낀다.

오엠을 처음 시작했던 1989년, 패기와 열정이 충만한 20대의 청년이 이제는 하프타임을 넘기는 중년이 되었다.

중앙아시아의 실크로드를 따라서 북아프리카의 베두인의 마을에 이르기까지, 동유럽과 유럽의 작은 마을에까지, 주님은 적지 않은 곳들을 방문케 하며, 이 땅, 이 사람들이 주의 나라요 주의 백성임을 가르쳐 주셨다. 그리고 주님은 이 희어져 있는 추수의 땅을 향하여, 추수할 일꾼을 위하여 기도하라고 말씀하신다[마 9:32-34]. 그리고 주님은 이 땅 가운데서 "주님 제가 여기 있습니다. 나를 보내소서[사 6:8]."라고 고백하며 헌신하기를 원하는 이들을 찾고 있음을 바라본다.

부름 받아 나선 이 몸

_김문경

이철우 선교사와 결혼 후 1986년, 오엠 선교사로 둘로스에서 2년간 사역했다.
그 후 오엠에프 선교사로 필리핀 민다나오 다바오에서 18년간 사역했다.
현재는 말레이시아의 Asia CMS에서 선교사 훈련과 멤버 케어 사역을 하고 있다.

부름 받아 나선 이 몸 어디든지 가오리다

타이타닉 영화의 첫 장면은 할머니가 된 여주인공이 꿈을 꾸면서 타이타닉 배 안에서의 아름다운 추억 속으로 돌아가는 것으로부터 시작한다. 둘로스는 타이타닉이 침몰한지 2년 후인 1914년에 건조되어 수송선 및 여객선으로 사용되다가 1977년에 오엠에 의해 선교선으로 사용되었다. 그후 2009년까지 전 세계를 돌면서 복음을 전하며 책을 판매했다. 우리는 둘로스를 "가장 오래된 떠다니는 마을"이라고 소개하곤 했다. 지금은 95년 동안의 운항을 중단하고 더 이상 선교선으로 활동하지 않는다.

28년 전의 둘로스^(Doulos는 헬라어로 종이라는 뜻)에서의 추억을 더듬어 보는 일은 쉽지 않았다. 그것은 마치 아주 먼 옛날이야기 같았지만 과거를 한 발자국씩 되돌아보니 그동안 잊고 살았던 기억들이 새록새록 살아났다. 어떤 기억은 희뿌옇게 그러나 어떤 기억은 아주 선명하게. 바쁘게 살아 온 내 삶 속에 잊혔던 둘로스 이야기를 하나씩 열어 보기로 하자. 그러나 나의 둘로스 이야기를 되살리기 전에 배를 타게 된 동기부터 나누겠다.

나는 결혼 전에는 선교에 대해서 관심이 없었다. 그런데 선교사를 꿈꾸던 남편의 권유로 한 달간 MTI^(Missionary Training Institute, 선교사 훈련)를 받았다. MTI는 총회신학대학원 기숙사에서 한 달 동안 공동생활을 하면서 받는 선교훈련이었다. 그 당시 나는 결혼 2년이 채 안되었고, 잦은 병치레를 했던 첫 아이 디모데는 6개월이었다. 선교훈련 기간 동안 매일 아침마다 "부름 받아 나선 이 몸"이란 찬송을 주제곡으로 불렀다. 아무 생각도 없이 찬송을 부르던 어느 날 아침, "부름 받아 나선 이 몸 어디든지 가오리다"는 대목에서 의미가 마음에 와 닿더니 도저히 이 찬송을 부를 수 없게 되었다. 부름 받아 나선 이 몸 어디든지 갈 자신이 없었기 때문이었다. 선교사가 되는 것은 죽으러 가는 것만 같았다. 어린 디모데를 데리고 소돔 같은 거리나 아골 골짜기 같은 데를 갈 자신이 없었고, 지금의 편안한 삶을 포기할 수가 없어서였다. 좀 더 솔직히 말하면 안락한 삶과 자식을 포기하고 싶지 않아서였다.

훈련의 마지막 날, 이 날마저도 이 찬송을 부르지 않는다면 영원히 부르지 못할 것 같다는 생각이 들었다. 그래서 하나님께 간절한 마음으로 기도했다. 그러자 아브라함에게 갈대아 우르와 친척을 떠나라고 하는 하나님의 말씀이 떠올랐다. 내가 가진 것이 초라한 것이었는데 그것을 꽉

잡고 포기하지 않으려고 했던 것이 부끄러웠다. 내가 살고 있던 편안한 삶도, 금방 산 신혼살림도 그리고 자식도 내 것이 아닌데 내 것인 양 꼭꼭 붙들고 놓지 않으려고 얼마나 발버둥쳤는지, 하나님은 나를 선교사로 내보내시기 전 나의 고집을 꺾으시며 스스로를 포기하게 했다. 그리하여 부름 받아 나선 이 몸 어디든지 주님께서 인도하시는 데로 가겠다고 헌신하게 된 것이다. 선교훈련 마지막 날의 헌신이 있은 후 마음에 말로 형용할 수 없는 기쁨과 평강이 샘솟았다. 선교에 대한 두려움과 자식에 대한 염려도 사라지게 되었다.

문화와 음식적응

1986년, 둘로스 사역을 마치고 귀국한 남편의 친구 선교사를 통해 오엠에서 사역을 시작하게 되었다. 남편은 아시아 선교에 관심을 두고 있었기에 아시아 지역을 순회할 둘로스에 합류했다. 우리가 지냈던 둘로스에서 2년이란 기간은 우리를 장기선교사로서 준비시키기에 충분했는데 그 중에 타문화 훈련은 둘로스 훈련의 가장 큰 장점이라 할 수 있을 것이다. 여러 나라를 방문하면서 각 나라의 교회 상황과 목회자들의 신학 수준을 파악할 수 있었던 것도 많은 도움이 되었다. 이것은 후에 우리가 목회자들과 지도자 훈련에 관심을 가지게 된 동기가 되었다.

나에게 타문화 훈련 중 가장 먼저 적용해야 했던 것은 음식이었다. 영어는 다른 사람의 도움을 구할 수도 있지만 음식문제는 스스로 적응하는 수밖에 없었다. 원래 나는 서양음식을 좋아했었다. 어릴 때부터 커피나 빵을 각별히 좋아했었다. 이토록 내가 좋아하는 서양 음식이었지만 그것도 하루 이틀이었다. 태어나면서부터 한국음식에 길들여졌던 입맛을 깨는 것이 이렇게 어려울 줄 몰랐던 것이다. 한국인이 김치를 먹지 못한다거나 된장찌개를 끓는 것이 쉬운 일이 아님을 해외에 나가서 깨닫게 되었다. 그렇다고 오엠 이후 지금까지 김치를 먹지 않고 사는 것은 아니었지만 그 당시 김치를 마음대로 먹을 수 없다는 것은 큰 도전이었다. 어린 아들을 데리고 정신없이 네덜란드에 도착한 우리 가족은 외국선교단체에서 겪을 수 있는 음식 적응이나 외국 선교사들과 영어로 대화를 해야 한다는 두려움보다는 평생 처음으로 서양세계를 경험한다는 호기심에 마냥 들떠있었던 것 같다.

네덜란드의 드브론 컨퍼런스 기간이었던 유럽의 9월은 제법 쌀쌀하여 밤마다 덜덜 떨며 새우잠을 잤다. 더운 아프리카나 아시아를 방문할 것으로 생각하고 두툼한 옷도 챙겨오지 않았다. 컨퍼런스 기간 동안 아침마다 차가운 우유와 시리얼, 과일 그리고 빵을 먹었다. 따뜻한 된장국 생각이 얼마나 간절하던지.

둘로스에 타기 전 독일 모스박에서 한 달간 오리엔테이션을 받았다. 이번에는 매일 딱딱하고 시커먼 빵을 먹었다. 결국 병이 나서 독일 의사에게 진료를 받게 되었다. 내 병명은 "향수병(homesickness)"이였다. 그 의사가 내린 처방은 한국음식을 먹어 보라는 것이었다. 의사의 처방대로 근처 한 인식당을 수소문해서 된장찌개와 밥을 먹고 내 병은 거짓말처럼 씻은 듯이 나았다. 와! 된장찌개의 힘은 대단했다. 드브론 컨퍼런스 때부터 새로운 음식과 기후에 적응이 안 되었던 나의 몸이었다. 게다가 모든 프로그램이 영어로 진행되면서 정신적으로 스트레스를 받고 있었다. 또한 나는 어린 디모데를 돌봐야 했기 때문에 모든 것들이 싱글들에 비해 뒤처져 있었다. 이렇게 몸과 마음이 스트레스를 받으니 아픈 것도 당연한 것이었으리라.

둘로스 안에서는 모든 선교사들이 식당에서 나오는 음식을 먹도록 되어 있다. 아이들이 있는 가정에는 작은 싱크대와 전열기가 있어서 어린 아이들을 위하여 간단하게 이유식을 만들 수 있도록 허락했다. 배 안에서 음식 적응이 제일 힘든 사람들은 언제나 한국선교사들이다. 타국 선교사들은 배에서 주는 음식을 잘 먹는데 왜 유독 한국선교사들만 음식 적응을 못해서 김치를 몰래 만들어 먹었는지 잘 이해되지 않는다 그것이 한국사람들의 인내력이나 적응력 부족인지 아니면 어디서든 무슨 재료를 가지고도 김치를 만들어 낼 줄 아는 탁월한 적용 능력인지 잘 모르겠다.

둘로스에서 겪은 또 다른 고통은 뱃멀미였다. 6개월간 뱃멀미를 하다 보니 차라리 빨리 하늘나라로 가고 싶다고 말할 정도였다. 둘로스 한국선배들의 조언에 따라 항해 중 정 힘들 때면 방에서 밥과 미역국을 만들어

먹었다. 둘로스의 리더들 입장에서는 한국선교사들이 음식 적응을 열심히 할 생각을 안 하고 이렇게 반칙을 하는 것에 대해 안 좋게 생각할 수도 있겠지만 그렇게 반칙을 해서라도 우선은 살아남아야 했다. 처음에는 이렇게 힘들었지만 음식 적응도 타문화 적응이라 생각하니 배를 탄지 1년 쯤 되어 둘로스 음식도 잘 적응해 김치 없이도 살게 되었고, 뱃멀미도 하지 않게 되어서 항해를 즐기게 되었다. 갑판에 나가보니 망망대해에 사방을 둘러봐도 둘로스 밖에는 없다. 옥빛 바다는 실크를 덮어 놓은 듯이 매끄럽게 보였다. 시원한 바닷바람이 내 뺨을 스치며 하나님의 은혜와 사랑의 손길을 가슴 가득 느낄 수 있었다. 뱃멀미 할 때 볼 수 없었던 바다의 아름다움을 그제야 보게 되었다. 바다를 지으신 하나님의 아름다우심도 볼 수 있게 되었다.

그런데 이렇게 둘로스에서 김치 없이 식사를 하고 국적 없이 만든 여러 가지 음식 먹는 2년간의 연습이 우리에게 얼마나 도움이 되었는지 모른다. 둘로스가 인도에 정박해 있을 때였다. 남편이 인도에서 먼 지역으로 전도여행을 할 때 3일 동안 기차에서 먹고 자면서 여행한 적이 있었다. 그때 남편이 3일 동안 먹은 음식이라곤 찰기라고는 전혀 없이 훌훌 날아가는 밥과 짜파티(인도의 전통 음식으로 밀가루 반죽을 얇게 밀어 불판에 구운 전병)에 녹두를 넣은 커리뿐이었지만 잘 적응했다. 둘로스 음식 훈련 이후 우리 부부는 필리핀에서도 현지 음식에 적응하는 것이 전혀 문제가 되지 않았고, 세계 어느 나라에 가든 그 나라 음식을 먹는 데 어려움이 없게 되었다. 한국사람이 김치 없이도 살 수 있게 된 것이다.

네가 나를 사랑하느냐

　음식문제가 해결되자 이번에는 영어가 문제였다. '고놈의 영어' 때문에 배 안에서 2년 동안 바보 연습을 얼마나 많이 했던지. 한국말로 하면 얼마든지 대답을 잘 할 수 있는 것도 영어가 안 되니 얌전해질 수밖에 없었다. 일 년 정도 지나면 귀도 뚫리고 입도 열린다던데 각 나라마다 악센트와 억양이 다르다 보니 같은 영어를 말해도 알아듣기가 힘들었다.

　나도 한 아이의 엄마로서가 아닌 한 사람의 선교사로서 사역을 하고 싶었다. 배를 타고 여러 나라에 방문할 때 교회팀이나 노방 전도팀에 합류하여 사역도 하고 싶었다. 외국 엄마들이 떠들 때 함께 끼어서 마음껏 떠들고 싶었다. 그러나 나의 대화는 언제나 짧았다. 영어가 짧으니 말하기보다 주로 듣는 입장이었다. 나의 영어 수준만큼 부인들과의 관계의 폭과 깊이도 비례했다. 점차 그들로부터 소외감을 느끼게 되었다. 언어가 자유롭지 못하니 내가 기여할 수 있는 일은 너무 제한적이었다. 이것은 내가 기대했던 선교 사역이 아니었다. 둘로스에 타기 전 막연하게 우리가 아프리카와 인도에서 전도하고 배가 가는 곳마다 복음을 전할 것이라는 환상을 가졌었는데 나는 배에서 아이만 돌보고 싱글들 말이나 들어주고 있었다. 선교지에 가면 목숨 걸고 복음을 전할 것이라는 나의 선교에 대한 환상이 서서히 무너지면서 회의가 들기 시작했다. 영어가 나를 외톨이로 만들고 바보로 만들고 있다는 생각이 들었다. 우울증이 와서 사람들과 만나기가 싫어졌다. 남편도 나의 이런 갈등을 눈치 채지 못했다.

어느 날 "국제 문화의 밤(international night)" 행사에 초청을 받았다. 둘로스가 각 나라에 도착하면 배에 탔던 각 나라 선교사들이 각자 고유의상을 입고 자기 나라를 대표하는 춤이나 노래로 현지인들을 전도하는 행사이다. 한국선교사들도 가끔씩 이런 행사에 참석하여 부채춤도 추고, 아리랑도 부른다. 한국선교사들이 한복을 입고 찬양을 하는데 나에게 피아노 반주를 부탁했다. 나도 무언가 할 수 있다는 사실이 마냥 기뻤다. 반주를 하는 동안 디모데를 맡아줄 사람도 구해 놓았다. 그런데 남편은 기분이 들뜬 상태로 한복을 입고 있는 나를 보더니 "당신은 디모데나 보고 있지. 왜?" 라고 말하는 것이 아닌가. 남편은 내가 그저 아이나 잘 돌보고 있기를 기대했었나보다. 선교는 남편만 하는 것인가? 그날 나는 예정대로 한국선교사들의 찬양에 반주를 했지만 남편까지 나를 이해하지 못하니 다시 우울해져서 아무것도 하기 싫어졌다. 나의 이런 속마음을 싱글들과 나눌 수 없었다. 심지어 항해를 할 때 깊은 바다 속에 빠지고 싶다는 생각까지 들었다. 그러나 그때마다 우리를 위해 기도하고 후원하는 교회를 떠올리며 참아야 했다.

그러던 어느 날 예수님께서 베드로에게 "네가 나를 사랑하느냐?"라고 세 번이나 물으신 요한복음 21장의 말씀을 묵상하게 되었다. 예수님은 내가 영어를 잘해서 사역을 열심히 하는 것보다 주님을 사랑하는 것을 먼저 원하셨음을 깨닫게 된 것이다. 남편이 사역을 잘 할 수 있도록 디모데를 안전하게 돌보는 것도 중요함을 깨닫게 되었다. 이것은 나중에 장기사역으로 선교지에서 세 아이들을 기를 때 본질을 잊지 않게 하는 말씀이 되었다. 선교사가 언어를 유창하게 하는 것도 중요하고 사역을 많이 하는 것도 중요하지만 가장 중요한 것은 하나님을 사랑하는 것이다. 하나님은 나 스스로 만들어 놓은 선교의 환상 속에서 갈등하고 우울해 있는 나를 말씀으로 깨뜨려 주셨다. 자녀를 돌보는 것, 남편을 돕는 것 모두가 선교 사역이라는 사실을 깨달았다. 그리고 몇 달 후, 배에서 현지인들을 불러 집회를 하게 되었는데 여성 리더가 나에게 간증을 부탁했다. 부족한 영어 실력에 자신감도 없었지만 하나님의 도우심을 바라며 감당하기로 했다. 집회 끝나고 간증을 듣고 감동하는 사람들이 있었다고 리더가 말해줬다. 내 연약함을 통해 성령님이 일하신 것이다.

영어 때문에 우울증에 걸렸던 나에게 간증을 했던 경험은 새롭게 되는 계기가 되었다. 영어를 못한다고 소극적으로만 있을 것이 아니라 적극성을 가지고 배우기로 했다. 그럼 어떻게 적극적으로 영어를 배워야 할까? 다른 사람이 나에게 말을 걸기 전에 내가 먼저 말을 걸어 보기로 했다. 그것은 어떻게 보면 아주 간단한 일이지만, 용기가 없어서 시도하지 못한 일이었다. 배에 있는 엄마들에게 아이들 교육은 어떻게 하는지, 우리 애가 채소를 잘 먹지 않는데, 그 집 애는 어떻게 먹는지 등등 자녀교육과 관련되는 것을 질문했다. 이렇게 친분이 생기면서 엄마들은 나를 자기 방으로 초대해 자기가 만든 케이크며 쿠키를 대접했다. 나는 케이크를 만들고 싶다고 말하면서 조리법도 알려달라고 부탁했고, 다음에 케이크를 만들 때 나도 불러달라고 했다. 또 그들이 침대보 만든 것을 보고 나도 배우고 싶다고 가르쳐 달라고 했다. 이렇게 언어를 배우는 데 적극적으로 사람들한테 다가가니 나도 모르는 사이에 말도 조금씩 나아졌고 관계도 좋아지면서 외로움을 느낄 겨를이 없었다.

싱글 선교사들이 사역을 하다가 스트레스를 받은 이야기를 들어 주는 것도 중요한 일이었다. 지금 돌이켜 보면 그때 내가 했던 일이 멤버 케어였는데 영어 공부 때문에 싱글들의 이야기를 들어주는 것을 시간 낭비라고 생각했었다. 그 당시는 멤버 케어란 개념조차 알지 못했던 한국선교였지만 선교사들의 이야기를 잘 듣고 그들이 힘들 때 함께 있는 것은 멤버 케어에 있어서 가장 중요한 일 아니겠는가. 지금도 내 귓전에 싱글들의 소리가 들리는 것 같다.

"사모님, 들어가도 되요?"

케냐 사파리

케냐 몸바사를 방문했을 때의 일이다. 배에 승선한 지 5개월쯤 되었을 때이다. 한국선교사들이 함께 사파리에 갔다. TV에서나 볼 수 있었던 동물들을 보겠다는 열망으로 어렵게 휴일을 잡았다. '둘로스 밴(van)'을 빌려 타고 갔다. 에어컨도 안 달린 낡은 차였지만 관리를 잘한 덕에 아프리카의 비포장도로를 달리는 데 문제가 없었다. 그런데 사파리 게이트를 지난지 한참 되었는데도 동물은커녕 개미새끼 한 마리도 보이지 않았다. 갑자기 차에서 이상한 소리가 나더니만 휘발유가 떨어졌다고 했다. 사파리가 얼마나 광활한지도 몰랐고 연료도 충분히 준비하지 않았던 것이다.

우리 일행은 그 사파리에 대한 사전 지식이 전혀 없었다. 음료수나 음식도 그곳에서 사먹으면 될 것이라는 생각에 아무런 준비 없이 갔다. 알고 보니 몸바사에 있는 사파리는 이렇다 할 시설조차 갖추지 않은 드넓은 광야였다. 철석같이 믿었던 케냐 자원봉사자가 그 사파리를 한 번도 가본 적이 없다는 것도 그 자리에서 알게 되었다.

모두가 무사히 그곳을 벗어나기 위해서는 무엇보다 휘발유가 필요했다. 우리 중 남자 형제 두 명과 케냐 자원봉사자가 휘발유를 구하러 가기로 결정했다. 45도의 뜨거운 사막으로 사라져 가는 그들의 뒷모습을 보면서 남아 있는 우리가 할 수 있는 일은 하나님께서 그들을 안전하게 지켜주시기만을 기도할 뿐이었다. 적도의 열기는 사막 한 가운데 있는 자동

차의 지붕을 뜨겁게 달구며 우리의 온 몸을 탈진하게 했다. 피할 그늘도 없었다. 남아 있는 물이라고는 작은 물병 하나였다. 어른 7명과 디모데가 물을 공평하게 한 모금씩 나눠 마신다는 것은 쉽지 않았다. 설상가상으로 남아 있는 자매들 간에 언쟁이 벌어졌다. 서로의 책임을 묻는 싸움이었다. 극한 상황에 처하다 보니 인간의 연약함이 그대로 드러나게 되었다. 결국 우리는 시편 23편 말씀으로 위로를 얻고 서로를 격려했다.

그렇게 몇 시간이 흘렀을까? 해가 뉘엿뉘엿 지고 있을 때 승합차 한 대가 멀리서 먼지를 휘날리며 달려오고 있었다. 휘발유를 구하러 갔던 사람들이 그 차에서 내리는 것이 아닌가? 휘발유를 사가지고 돌아온 것이다. 그때의 감격은 지금도 잊을 수 없다. 휘발유를 사기 위해 게이트가 어디 있는지도 모르는 채 무작정 가던 남자 일행은 이탈리안 관광객들이 탄 승합차를 만나게 되었단다. 우리의 딱한 사정을 들은 관광객들이 남자 일행을 게이트 밖에 있는 정유소까지 데리고 가서 휘발유를 살 수 있도록 도와주었고 우리가 있는 곳까지 데려다 준 것이다. 케냐 자원봉사자는 휘발유를 사러 가는 길에 방금 지나간 사자 발자국을 보았지만 한국인들이 무섭다고 돌아갈까봐 이야기를 하지 않았다고 나중에 고백했다. 그때 만약 휘발유를 사러 맨 몸으로 간 남자들이 코뿔소 떼나 사자를 만났다면 짐승의 먹이감이 되었을 만한 상황이었다.

슬픈 이별

둘로스의 추억을 더듬으면서 결코 잊을 수 없는 일은 안정로 선교사와의 갑작스런 이별이다(둘로스 안에서 우리는 싱글 선교사들에게 '자매' 혹은 '형제'라고 불렀으니 여기서도 호칭을 자매라고 하겠다). 우리가 둘로스에 승선한지 한 6-7개월쯤 되었을 때였다. 안정로 자매는 우리보다 1년 먼저 승선한 선임자였는데, 영어가 아주 유창해서 영어를 잘 못했던 나에게는 위대해 보이기까지 했다. 내가 영어 때문에 의기소침해서 그랬을까 배에 승선한 지 몇 달이 되었는데도 그 자매와 따뜻한 대화를 할 기회가 없었다. 그러나 같은 한국인으로서 관계가 서먹할 수는 없었기에 우리 방에 와서 커피를 마시자고 청했다.

"자매님은 어떻게 영어를 그리 잘하세요?"

전공이 영어인데다가 학원에서 강의까지 했으니 영어를 잘하는 것은 당연했다. 나는 자존심을 내려놓고 영어를 가르쳐 달라고 부탁했다. 그 후 복도에서 서로 마주치기라도 하면 웃으며 반갑게 인사를 하곤 했다. 우리 둘 사이도 점차 가까워졌다.

둘로스가 아프리카 방문을 마치고 인도의 첫 항구 봄베이(현재의 Mumbai)에 도착했을 때였다. 배에서는 어떤 나라를 방문하기 전 항상 그 나라에 대한 정치, 사회, 문화 그리고 종교적 상황에 대한 정보와 방문할 나라에 가서 주의해야 할 사항들에 대해서 오리엔테이션을 받는다. 인도에 대한 오리엔테이션을 통해 인도에서는 밖에 외출할 때나 교회 집회 때에는 일반적인 옷을 입지 말고 반드시 사리나 펀자비^(punjabi)를 입도록 권했다. 사리나 펀자비는 인도의 전통 의상으로 인도의 문화를 존중하기 위하여 모든 선교사가 둘로스 밖으로 외출할 때 입도록 한 것이다.

인도에 도착한지 며칠 지나서 정로 자매가 함께 펀자비를 사러 가자고 말했다. 그 무렵 나는 배 안에 있는 조그만 상점에서 오전에 물건 파는 일^(work duty)을 하고 있었다. 정로 자매는 그토록 방문하고 싶었던 인도에 도착하여 인도시장까지 구경한다는 것에 잔뜩 흥분된 모습이었다. 다른 사람에게 상점 일을 맡기고 당장 옷을 사러 가자고 했다. 상점에서 바쁘게 일하고 있는 나를 뻔히 보면서 왜 그렇게 서두르는지. 배의 규칙을 나보다 더 잘 아는 자매님인데 왜 일하다가 그만 두고 자기와 함께 가자고 했는지 조금 이상한 생각마저 들었다.

"자매님, 지금은 보다시피 가게에서 일을 해야 하는데 약속대로 오후에 가면 안 되나요?"

"다른 사람한테 맡기면 안 될까? 인도 자원봉사자가 우리를 도와준다고 밖에서 기다리고 있기 때문에 지금 빨리 가야 되는데……. 안 되겠다. 오늘은 나만 갔다 올게."

정로 자매는 나하고 다음 기회에 같이 가기로 했다. 나와의 대화를 마친 후 자매는 인도 자원봉사자와 펀자비를 사기 위해 봄베이 시내버스정류장으로 갔다. 버스가 오자 자매는 버스를 탔지만 자원봉사자는 타지 않은 상황이었다.

봄베이의 버스는 늘 만원이라 버스 문에 매달려 가는 것은 예사였다. 사람들을 비집고 자원봉사자를 찾았지만 보이지 않자 정로자매는 당황했을 것이다. 차창 밖에서 자원봉사자가 내리라는 손짓을 했다. 정로 자매는 버스기사에게 "스톱"을 외쳤지만 버스는 멈추지 않고 더 빨리 달렸다. 겁이 난 정로자매는 버스에서 곧바로 뛰어 내렸다. 달리는 버스에서 뛰어내릴 때 머리를 다친 정로 자매는 그 자리에서 쓰러졌고 그제야 버스도 멈추었다. 버스가 멈춰 선 것을 멀리서 본 자원봉사자가 급히 뛰어 와서 길바닥에 쓰러져 있는 자매를 발견했다. 휴대폰이 없던 시대라 구급차를 부를 수도 없었다. 사람들의 도움을 받아 겨우 병원에 간 것이다.

오후에 정로 자매가 교통사고로 현지 병원 중환자실에 있다는 소식을 듣게 되었다. "자매님은 바로 몇 시간 전에 나에게 와서 펀자비 사러 가자고 했는데 무슨……." 도저히 믿겨지지가 않았다. 그 사실을 믿지 못하고 불안해하고 있는데 배 안의 여성 리더가 내 방으로 와서 정로 자매를 위하여 중보기도를 하자고 했다. 이 말을 들을 때도 나는 반신반의했다. 정신없이 부인들이 모여 있는 리더의 방으로 가니 모든 부인들이 다 모여서 심각한 얼굴들을 하고 있었다. 정로 자매의 뇌에 피가 차서 거의 소망이 없는 상태라고 리더가 말해 줬다. 그래서 지금은 한국에 있는 자매의 부모에게 연락을 취하고 있는 중이라고 했다. 나는 그제야 정로 자매에게 닥친 일이 사실이라는 것을 알게 되었다. 사람의 일생이 이렇게 허무하다는 것을 아버지의 갑작스러운 죽음 이후 처음 느끼게 되었다. 정로 자매가 나를 만나고 30분도 채 안되어 이런 일을 당했다는 것을 믿을 수가 없었다.

이틀 후 병원에서 자매는 결국 깨어나지 못하고 하나님 품으로 가게 되었다는 소식을 듣게 되었다. 한국 형제자매가 모두 모여 디브리핑(debriefing) 시간을 가졌다. 디브리핑을 통해서 우리들의 슬픈 감정과 충격을 서로 완화해 주어야 할 필요가 있었다. 우리 모두는 사랑하기에도 짧은 삶인데, 서로 사랑하지 못하고 서로에게 상처를 주고 상처를 받은 것에 대해 울면서 회개하기 시작했다. 동역자를 잃은 슬픔을 함께 나누고자 디브리핑을 가졌던 우리는 자매님을 더욱 사랑하지 못한 것과 서로 사랑하지 못한 것을 고백하며, 서로에게 용서를 빌었고 용서하는 시간을 갖게 되었다. 비록 함께 지냈던 자매님은 잃었지만 한국 형제자매들을 사랑으로 묶는 시간을 가질 수 있었다. 그것은 정로 자매가 먼저 하나님 앞에 가면서 배에 남아 있는 모든 한국 형제자매에게 준 귀한 선물이었다.

하나님이 내 입을 여시다

우리가 배를 탄 지 1년쯤 지나서 동남아시아를 순회하던 둘로스가 다시 인도로 돌아왔다. 그때 인도에서 전도용 소책자를 팔면서 전도를 한 적이 있었다. 아이만 돌보다가 노방전도를 한 번이라도 해 봐야 할 것 같아 용기를 내어 신청을 했다. 전도에 대한 간단한 오리엔테이션을 받은 후 우리는 소책자를 잔뜩 들고 각자 뿔뿔이 흩어졌다. 그때 나는 영어가 능숙하지 못한 시기라서 처음에 어떻게 인도사람들에게 말을 걸어야 할지 또 복음에 대해서는 어떻게 소개해야 할지 그저 막막하기만 했었다. 기도를 하니 두려운 마음이 점차 사라졌다.

어디에서 이 많은 전도책자를 팔면서 전도를 해야 할지 알려달라고 하나님께 기도했다. 잠시 후 영화관 앞에 많은 사람들이 줄서 있는 것을 보았다. 그 당시 인도사람들은 영화를 아주 좋아했다. 일이 없는 남자들이나 할머니들까지 영화관 앞에 늘 모여 있었다. 저곳이 바로 하나님이 알려 주시는 장소로구나 생각하고 그들 앞으로 다가갔다.

"이 영화는 여러분에게 잠시 동안만 만족을 줄 수 있지만 예수님을 믿으면 영원히 만족하게 될 것입니다."

전도지를 높이 들고 큰 소리로 외쳤다. 모두가 신기하다는 듯 나를 둘러싸고 내 말에 귀를 기울이기 시작했다. 지나가던 사람들도 멈춰 섰다. 내 말이 끝나자마자 자기들을 영원히 만족시켜 줄 수 있는 자가 도대체 누구냐며 내가 들고 있던 전도책자를 모두 사 갔다. 내 손에 전도책자는 한 권도 남아 있지 않았고, 대신 주머니는 전도책자를 판 비용이 들어 있었다. 그때 내가 생각해도 그 영어가 내 영어가 아니었다. 하나님이 내 입을 열어 말이 술술 나오게 하신 것 같았다. 영어 실력이 부족하니 오직 하나님만 믿었고 하나님께서 역사하셨던 것이다.

2년 동안 둘로스라는 좁은 공간 안에서 선교사로서의 많은 훈련을 받은 후 우리 부부는 부산외항선교회 사역으로 인도함을 받았다. 남편은 날마다 자원봉사자들과 부산항에 들어오는 외국 배들을 방문하여 복음을 전했다. 또한 오엠 단기사역자들을 훈련해서 오엠으로 보내는 사역도 했다. 그때는 러시아와 한국과의 교류가 막 시작되어 부산항에 러시아 배도 종종 들어왔다. 나는 그들을 집으로 초대해 과일도 대접하고 자원봉사자들도 초대해서 식사도 하면서 그들을 격려했다. 부산항에 들어오는 외국 선원들에게 복음을 전하고 가르치는 사역은 우리에게 너무 보람 있는 사역이었다.

그때에 스코틀랜드 오엠에프(OMF) 선교사 윌리엄 블랙 부부와 개인적으로 가깝게 지내게 되었다. 그들이 성실하게 사역을 하면서 검소하게 사는 것은 한국에서 물질주의에 서서히 물들어 가고 있던 우리를 일깨워 주게 되었다. 또한 그 당시 오직 하나님만을 믿음으로 중국내지선교회(CIM)를 이끌었던 허드슨 테일러의 전기를 읽었는데 하나님께서 우리를 빨리 선교지에 나가라고 하는 것만 같았다. 1865년에 시작된 오엠에프는 오랜 동안의 선교 경험으로 우리가 장기선교사로 사역하게 될 때 좋은 안내자가 되어 줄 것 같았다. 결국 우리는 장기선교사가 되기 위하여 부산외항선교회를 사임하기로 했다.

우리 가족은 장기사역을 위해 1994년 필리핀에 들어갔다. 2년 동안 언어를 공부한 남편은 민다나오 섬 다바오 시에 있는 코이노니아신학대학원(Koinonia Theological Seminary)에서 15년 동안 가르치게 되었다. 지도자를 바르게 훈련하는 것은 결국 교회를 든든히 하는 것이고, 필리핀 교계의 인적 자원을 길러내는 아주 전략적인 사역이다. 필리핀 목회자들의 성경, 신학적 수준이 생각보다 낮아서 우리의 사역은 그들에게 아주 필요한 사역이 되었다.

민다나오에서 신학교 사역을 하게 될 때 우리는 우리가 겪을 수 있는 여러 가지 어려움들에 대해 어느 정도 예측은 하고 있었지만 실제로 사역하다보니 우리가 짐작했던 그 이상의 어려움이 찾아왔다. 우리가 부임할 때에는 세워진지 3년 밖에 안 된 신학교였기에 학사과정부터 바르게 세워야 했다. 필요한 도서들도 구입해야 했으며 자격을 갖춘 교수들이 거의 없었기에 선교사들이 전공 이외의 여러 과목을 가르쳐야 했다. 또한 자체 건물이 없고 조그만 건물의 한 층을 빌려서 시작했으므로 한번에 두 과목 이상의 강의를 하기 위해서는 넓은 곳으로 옮겨야 할 필요도 있었다. 특별히 미국이나 한국교단에서 세운 것이 아닌 초교파 신학교이기 때문에 재정적으로도 넉넉지 않았다.

학교를 발전시키고 지도자들에게 좋은 교육을 시키기 위해 할 일도 많았고 그만큼 하나님께 날마다 간구해야만 했다. 남편은 신학교에 와서 공부할 여건이 안 되는 사람들을 위해서 일주일에 한 번씩 다른 지역으로 이동해서 따로 성경과 신학을 가르치기도 했다. 비록 신학교의 여건은 열악했지만 학생들이 그동안 배우지 못한 성경과 신학을 열심히 배우며 필리핀의 지도자로 훈련되는 것을 보는 것은 큰 기쁨이었다.

K신학교를 발전시키기 위하여 오직 신학교 사역과 민다나오의 신학교 교수 개발에만 집중하는 것은 보람 있고 감사한 일이었다. 그러나 파송교회는 우리의 사역에 전혀 관심을 보이지 않았다. 그것은 매우 안타까운 일이었다. 그 교회는 사람을 세우는 사역보다 건물을 세우는 일에 더 관심을 가지고 있었던 교회였다. 결국 교회개척을 하지 않는다고 파송을 끊으면서 재정적으로 힘든 기간을 오랫동안 겪게 되었다.

이렇게 파송교회가 갑작스럽게 끊어지면서 가정적으로도 힘들었을 때 우리는 신학교의 학장으로 부르시는 하나님의 음성에 순종하여 안식년을 마치고 필리핀 K신학교로 다시 돌아왔다. 그런데 신학교에 돌아와서 보니 학교 재정도 바닥이 나서 직원 월급을 주기도 어려운 지경이었다. 우리가 안식년으로 나가 있는 동안 학교 재정과 운영은 엉망이 된 것이다. 학교의 명예도 바닥으로 떨어져 있었다.

우리는 느헤미야가 무너진 예루살렘 성벽을 보고 애통하면서 성벽복구 작업을 한 것과 같은 심정이었다. 학교를 살리기 위해서는 개혁을 해야 했다. 그러나 개혁의 길은 언제나 쉽지 않았다. 가장 가까이에서 우리를 지지해야 할 사람들이 반대를 한 것이다. 그들은 개혁을 하고 있는 우리를 모함하고 각종 루머를 만들어 지금까지 우리가 소중하게 지켜온 우리의 명예를 더럽히기 위해 애썼다. 그러나 남편은 자신에 대한 거짓 증거를 일절 변호하지 않았다.

우리는 얼마든지 우리의 정당함과 거짓 증거에 대해 변호할 수 있었지만 하나님께서 우리 부부에게 주신 말씀은 요한계시록의 말씀이었다. 요한계시록에서 주님은 죽임 당하신 어린 양과 승리하신 유다 지파의 사자의 모습으로 소개된다. 마치 도살장에 끌려가는 양과 같이 자신을 결코 변호하지 않으신 주님이셨다. 우리는 죽임당한 어린양 예수님을 따르기로 하고 남편을 모함하는 자들에게 반박하거나 그들을 미워하지 않기로 했다. 대신 나는 날마다 하나님 앞에 눈물로 나아갔다. 이 길을 걸어가는 것이 바른 것인지 하나님께 사인을 묻고 있는 중 신학교 특강을 위하여 미국의 모 신학교 교수 부부가 방문했다. 나는 우리가 지금 겪고 있는 어려움에 대해 그들에게 솔직하게 말했다. 그들은 "개혁을 할 수 있는 사람은 많지 않습니다. 미국에서는 그런 일을 하는 것을 dirty job이라고 합니다. 당신들은 용감한 사람들입니다." 그들은 우리를 위로하고 격려했다. 이들의 말을 통하여 하나님은 신호를 분명하게 주신 것이다.

좁은 길은 자신의 편리를 위해 타협하는 길이 아닐 것이다. 좁은 길은 하나님께서 각자에게 주신 사명을 신실하게 지키는 길이다. 신학교 초창기에는 외국 선교사들이 가르쳤지만 지금은 필리핀 현지 교수들도 있을 만큼 학교가 성장했다. 어느덧 학교는 민다나오에서 석사 과정으로 유일하게 문교부 인가를 받은 신학대학원으로 성장했다. 이제 남은 것은 우리가 오랫동안 기도해 오던 신학교 건축을 이루는 것이다. 외국의 자본이 아니라 현지 교회의 도움을 얻어서 기숙사가 있는 넓은 캠퍼스를 지어야 한다.

정금같이 빛나다

내가 처음으로 쿠키를 굽기 시작한 것은 1986년 둘로스에서였다. 둘로스에는 거의 매일 케이크나 달달한 후식 종류가 나온다. 처음엔 영어를 배우기 위해서 시작한 베이킹이 이제는 생활의 일부분이 되었다.

케이크를 만들기 위해서 밀가루, 달걀, 버터, 우유 등을 넣고 저을 때는 반죽이 뒤죽박죽인 것 같지만 계속해서 저으면 제법 매끄럽게 된다. 그런 후 오븐에서 적당히 굽고 나면 보기에도 그럴싸한 모양이 되고, 그 위에 크림이나 과일로 장식을 하면 맛있는 케이크가 된다.

케이크를 만들면서 한 가지 배운 것이 있다. 우리의 인생도 어려움을 당하는 순간에는 모든 것이 밀가루 범벅처럼 엉망으로 보인다. 그러나 오븐이라는 불 시련을 통과한 후 맛있게 구워진 케이크가 나오는 것과 같이 인생의 굴곡진 경험 뒤에 우리는 더욱 성숙한 모습으로 주님 앞에 설

것이다.

　필리핀에서 많은 어려움과 고난 가운데 우리를 연단하신 하나님께서 왜 그러한 어려움들을 허락하셨는지 궁금했었다. 성실하게 사역을 했는데 왜 하나님은 복을 주시지 않으실까? 하나님이 매정하게 느껴질 때도 있었다. 그런데 하나님께서 한참 만에 답을 주셨다. 하나님은 그동안 모든 것이 익숙해졌던 필리핀을 떠나 새로운 사역지 말레이시아로 가라고 하셨다.

　말레이시아? 꿈에도 생각해 보지 않은 나라다. 필리핀을 떠나면 우리가 그토록 기도했던 신학교 건축은 누가 해야 하는가? 건축에 대한 비전을 품고 하루도 빠짐없이 기도해 왔는데 필리핀을 떠나라니. 도무지 이해할 수 없었다. 후원자들 역시 언어나 문화에 익숙한 필리핀에서 계속 일을 하지 왜 떠나느냐고 했다. 우리 부부도 처음에는 필리핀을 떠나야 하는 이유를 분명히 알지 못했다. 그러나 우리를 가장 잘 아시는 하나님 아버지께서 인도하시는데 순종만이 최선이 아닌가. 우리가 품었던 비전은 꼭 우리를 통해서 이루어져야 한다고 믿었던 것이 잘못이었을까? 그러나 우리는 그 비전을 품었고 그것을 위해 기도를 심어 놓은 역할만으로도 감사하기로 했다. 누군가 때가 이르면 우리의 비전을 이룰 것이다. 하나님 앞에 우리가 품었던 그 비전도, 열정도 다 내려놓기로 했다. 우리 인생 여정에 쉼표도 필요하듯이 마침표를 찍어야 할 때가 있으리라. 마침표를 찍고 새로운 문장을 쓰듯이 새로운 터전에서 새로운 사역을 해야 할 때도 있는 것이다.

필리핀을 떠나는 것에 대해 순종한 우리 부부에게 하나님은 새로운 미션을 주셨다. 남편에게는 아시아 여러 곳에 있는 선교사들을 훈련시켜 지도자를 세우라고 했다. 또한 나에게는 선교사들의 멤버 케어를 하라고 하셨다. 하나님께서 선교지에서 어려움을 겪으면서 갈등하고 있는 누군가를 그 자리에서 잘 버틸 수 있도록 우리 부부를 부르신 것이다. 자, 이제 우리에게 남은 것은 오직 충성뿐이다. 하나님을 사랑하는 자 곧 그 뜻대로 부르심을 입은 자들에게 모든 것을 합력하여 선으로 이루시는 하나님을 믿고 끝까지 달려가기를 원한다.

오엠의 둘로스 훈련과 사역은 우리 부부를 장기사역을 할 수 있도록 준비시켜 주었다. 둘로스에서 경험하고 배운 것들은 우리가 국제 오엠에프에서 한국선교사로서 장기사역을 할 수 있는 좋은 밑거름이 되었다.

이 글을 쓰기 위해 잠시나마 둘로스의 추억의 세계로 돌아갈 수 있어서 감사하다. 그 당시에는 가슴 아프고 힘든 추억도 시간이라는 아름다운 옷을 입을 때 그리워지는 것 아닌가. 오늘 밤 둘로스로 돌아가는 꿈을 꾸고 싶다.

가장 고상한 지식

_이영규

1986년, 로고스를 시작으로 유럽 사역과
한국오엠 국제총무와 미주한인오엠 대표를 역임했고,
미국에서 글로벌 멘토링 네트워크를 설립했으며,
현재 국제오엠의 리더십 계발 컨설턴트로 사역하고 있다.

내 인생의 터닝 포인트

군복무를 시작한 지 1년쯤 되었을 때로 기억한다. "똑똑" 계속 문을 두드리는 소리에 잠을 깼다. 깊은 잠에 빠져있던 새벽 3시쯤, 당직 근무병이 집에서 걸려온 긴급한 메시지를 전하기 위해 잠을 깨운 것이다. 큰 형님께서 교통사고로 운명했다는 전갈이었다. 내겐 아버님과 같았던 형님이 50살도 채 안된 나이에 세상을 떠났다. 나는 며칠 동안 음식을 제대로 먹지 못하고 잠을 이루지 못했다. 무엇보다 형님이 예수님을 영접하지 않은 채 세상을 떠나셨다는 것이 가장 안타까웠다. 나 자신의 삶뿐만 아니라 신앙생활에서 큰 전환점이 되었다.

형님의 관이 땅속으로 내려지며 흙이 덮이는 순간, 나는 정신이 나간 사람처럼 산 위로 뛰어 올라갔다. 상복을 입은 채 울고 또 울면서 하나님께 울부짖었다. 거의 탈진상태에서 기도를 하던 중 '선교사'라는 단어가 떠올랐다. 그때는 그 단어에 대해 큰 의미를 부여하지 않았는데, 주님께서 또 한 번 내게 말씀했다.

> 내가 복음을 전할지라도 자랑할 것이 없음은 내가 부득불 할 일임이라 만일 복음을 전하지 아니하면 내게 화가 있을 것이로다(고전 9:16).

그때야 깨달았다. "아, 내가 갈 길이 이것이구나." 그 후 예수님을 믿지 않는 가족들과 친구들의 영혼에 대한 부담감이 가중되면서 급기야 복음 전하는 일에 헌신하기로 결단했다.

1985년 봄, 카투사로 군복무를 마친 후에 대학 4학년의 마지막 가을학기 복학을 위해 준비를 하고 있는 때였다. 나는 주님의 인도하심으로 부산지역의 캠퍼스 사역을 준비하고 있던 미국인 선교사 탐 다니엘을 만나게 되었다. 그분과 함께 부산대학교에서 영어성경공부 모임을 시작했다. 이 모임은 점점 커지면서 부산 지역의 타 대학 학생들도 동참했고, 마침내 기독교 단체로 등록하게 되었다.

모교회인 부전교회에서는 세계선교에 관심 있는 젊은이들이 선교모임을 갖고 있었다. 이들은 주말마다 부산 항구에 정박 중에 있는 세계 각국에서 온 외항선원들에게 복음을 전했다. 그 당시에 나는 세계선교에 대해서는 아는 것이 없었을 뿐더러 관심조차 없었다. 그런데 대학부를 담당하던 조문휘 목사님은 해외선교부 모임을 인도하는 것을 권유했다. 이를 계기로 나는 선교에 조금씩 눈을 뜨기 시작했고, 복음을 전혀 듣지 못한 미전도 종족들에 대한 선교 정보도 접하게 되었다. 그리고 한국외항선교회를 통해 오엠과 선교선을 알게 되었다.

지금까지 선교 사역은 특별히 준비된 목회자들만 하는 일이고 나와는 전혀 상관이 없다고 생각했는데, 평신도로서 2년간 단기사역으로 참여할 수 있다는 사실이 마음에 신선하게 다가왔다. 그 당시 한국외항선교회 부산지부를 맡아 사역하시던 최수일 목사님에게 많은 격려와 강한 도전을 받았다. 오엠을 통해 선교훈련을 받으면서 나도 선교 사역에 동참할 수 있다는 것을 알고 주님의 뜻과 인도하심을 놓고 기도하기 시작했다.

주께서 내 길 예비하시네

선교에 관심을 갖고서 믿음으로 나간다는 것은 고독하고 힘든 여정이었다. 가족들은 내가 경영학을 전공했으니 졸업하면 당연히 좋은 직장에 취업할 것이라고 기대했다. 그러나 그 기대와는 달리 선교사의 길을 택하니 믿음이 없는 가족의 반대는 당연했다. 그래서 기회가 생길 때마다 홀로 기도원에 올라 금식기도를 했다. 주위에 도움을 청할 수 있는 사람들이 별로 없었기 때문에 주님을 더욱 의지하며 기도할 수밖에 없었다.[이렇게]

가족들의 반대가 있었지만 주님이 내게 원하시는 것은 지상명령^{(마 28:18-}

²⁰⁾에 순종하는 것임을 깨닫고 기도원에서 내려왔다. 금식기도를 마치고 교회로 돌아왔을 때 뜻밖에 연락을 받았다. 모교회에서 나를 평신도 선교사로 파송하기로 결정했다는 소식이었다. 그 당시 보수적인 교회에서 신학을 공부하지 않은 평신도를 선교사로 파송한다는 것 자체가 매우 이례적인 일이었다. 주님의 놀라운 섭리와 기적으로 부전교회의 중보기도와 재정후원을 전적으로 지원받을 수 있었다. 어떤 분들은 익명으로 재정을 후원해 주었고 필요한 물품들을 공급해 주었다. 나는 모든 필요를 채워주시는 성령님의 인도하심을 경험하며, 나의 젊음과 삶을 하나님께 기꺼이 헌신하기로 주님과 약속했다.

오엠과의 첫사랑 이야기

1986년 5월 말, 먼저 싱가포르에서 오엠 오리엔테이션 가진 후에 유럽의 벨기에로 가서 여름선교수련회에 참석했다. 집회는 대형 텐트 안에서 진행되었고, 소형 텐트를 치고 침낭 속에서 잠을 잤다. 낯선 장소, 낯선 기온으로 인해 잠이 잘 오지 않았다.

오엠에서 '심플 라이프 스타일', 곧 단순한 삶의 방식, 검소한 삶을 배웠다. 개인적인 용돈을 소지하는 것은 허락되지 않았다. 반드시 두 사람 이상 같이 다녀야 했고 남녀 간의 교제는 첫 1년 동안에는 절대로 허락되지 않았다. 이러한 공동체 삶의 구속적이고 단순한 삶의 방식에 적응하는 것이 처음에는 쉽지 않았지만, 반대로 영적 자유는 맘껏 누릴 수 있었다.

세계 각국에서 모인 수천 명의 젊은이들이 손을 높이 들고 춤추고, 찬양하며 역동적으로 예배하는 모습이 무척 부러웠다. 한국에서는 경험하지 못했기 때문이었다. 유럽과 세계 각지에서 사역하는 오엠 강사들의 역동적인 메시지 역시 도전과 충격의 연속이었다. 특히 오엠 설립자인 조지 버워의 선교에 대한 열정과 강력한 메시지는 나를 통째로 흔들어 놓았다. 그 후로 조지 버워의 책을 읽고 설교 테이프를 종종 들으면서, 오엠의 정신과 비전을 깊이 새겼다.

벨기에에서 선교수련회를 마친 후 영국의 런던과 래스터에서 두 달간 단기선교에 참여했다. 우리 팀은 약 20명으로 10여 개국에서 온 사람이 골고루 섞여 있었다. 나이, 언어, 나라, 배경 그 어느 것 하나 공감대가 없는 가운데 한 팀을 이루어 사역한다는 것이 과연 가능한 일인지 의문이 생겼다. 우리는 낡은 영국성공회 교회 건물과 시설을 사용했다. 교회 체육관을 숙소로 정하고 매트리스를 깔고 침낭 속에서 잠을 잤다. 좁은 공간에서 함께 공동체 생활을 하며 매일같이 찬양과 예배 모임을 가졌다. 그리고 다양한 방법으로 복음을 열심히 전했다.

영국은 전통적인 기독교 국가로 알고 있었는데, 막상 가 보니 많은 교회 건물들이 텅 비어 있었다. 어떤 교회들은 매각되어 사무실, 무슬림 사원, 심지어 클럽으로 사용되고 있는 것을 보고 큰 충격을 받았다. 영국 여러 대도시에는 중동과 인도와 파키스탄 등지에서 온 수많은 힌두교도와 이슬람교도들이 모여 살고 있었다. 우리 팀은 이러한 힌두교도와 이슬람교도들에게 집중적으로 복음을 전했다. 집집마다 다니며 전도지를 나누었고 기독 서적들을 배포하거나 판매하고, 길거리에서 전도를 하고, 주말에는 사람들을 교회로 초청하여 전도집회를 열었다.

처음에는 반신반의하는 마음으로 시작했지만 사역을 마칠 때에는 기도와 전도의 열매가 보이기 시작했다. 지극히 평범한(ordinary) 사람들을 통해 비범한(extraordinary) 일을 행하시는 하나님의 손길을 체험할 수 있었다. 사역을 마치고 헤어질 때 우리는 모두 눈물을 흘리며 작별을 아쉬워했다. 국적과 문화를 초월하여 아름다운 공동체와 팀워크를 이루며 복음을 위해 함께 애쓴 헌신을 통해 귀한 열매를 보았고, 소중한 경험을 할 수 있었다.

1986년 8월 말, 네덜란드 드브론으로 가서 오엠연례수련회에 참석했다. 약 2주 동안 수련회는 진행되고 거기서 향후 2년 동안 사역할 곳을 결정하기로 되어있었다. 수련회에 함께 참석했던 많은 한국인 사역자들은 둘로스로 가기를 지원했다. 나는 둘로스와 로고스 중 어떤 선교선을 탈까 고민하고 있었다. 그러던 중에 로고스에 한국인이 필요하다는 권유를 받았고 나는 한국인으로서는 유일하게 로고스에 합류하기로 결정했다.

드디어 로고스에 승선하다

1986년 9월 말, 드디어 나는 미국 볼티모어 항구에 정박해 있던 로고스에 올랐다. 그 후 로고스는 바로 서인도 제도에 있는 섬나라들과 중남미 지역 여러 나라들을 방문하며 순회 사역을 시작했다. 2천 3백 톤의 작은 배 안에는 약 40개국에서 온 150명 정도가 승선하고 있었기 때문에 가족처럼 서로 가깝게 지낼 수 있었다. 나는 각기 다른 나라에서 온 8명의 형제들과 함께 생활했다. 좁은 공간 안에서 여러 형제들과 함께 생활하다 보니 종종 문화 차이로 인한 장벽을 느끼며 부딪쳤다. 가령 육체적으로 피곤해서 방에서 조용하게 쉬고 싶은데도 남미출신 형제들은 경쾌한 라틴 음악을 틀어놓고 노래하며 춤까지 추곤 했다.

나는 선상에 있는 서점과 선상 아래에 위치한 책 창고에서 일을 했다. 세계 각국 출신의 사람들과 함께 일하는 것이 결코 쉬운 일은 아니었다. 특히 나의 한국식 리더십 스타일 때문에 타국 출신의 형제·자매들과 부딪히는 일이 잦았다. 리더로 봉사하면서 중·남미 출신의 사역자들과 자원봉사자들 사이에서 겪는 문화와 사고방식의 차이는 빈번한 갈등의 원인이 되었다. 그러나 시간이 지나갈수록 타문화를 점점 깊이 경험하며 그들을 이해하고 소통하는 것을 배워나갔다. 내가 그들의 언어를 익히고 그들의 문화 안으로 깊이 들어가면서 나중에는 그들로부터 "라티노"라는 별명을 듣기도 했다.

배 안에서 소그룹 성경공부 리더로 섬기면서 많은 도전을 받았다. 다양한 교파와 신앙 배경을 가진 사람들과 함께한 성경공부와 소그룹 모임을 통해 선입견과 고정관념이 많이 깨졌다. 보수적인 신앙을 가진 나에게는 새롭게 다가오는 것이 많았으며, 하나님을 믿는 다양한 사람들 사이에서 신앙의 관점을 넓힐 수 있었다. 로고스에서 이렇게 경험한 공동체 생활과 팀사역을 통해 성경이 가르치는 '자기를 부인'하고 '서로를 용납'하는 것이 무엇인지 실제로 경험할 수 있었다.

로고스에 승선한 후 20여 개국을 방문했다. 각 나라 항구마다 주님이 예비하신 수많은 사람들을 만나 복음을 전했다. 배가 정박하는 나라에 공식행사라도 열릴 때면 그 나라의 고위층 관료들과 여러 나라 대사들이 참석하곤 했다. 나는 한복을 차려입고 그들을 맞이할 기회를 갖기도 했다. 아이티에서는 한국 대사님이 공식 개장식에 참석하셨는데 나를 대사관저로 식사 초대를 했다. 오랜만에 맛있는 한국음식을 먹은 후 다과를 나누면서 대사님 부부에게 로고스에 대해 소개했다. 그분들은 신앙과 관련된 질문을 많이 했고, 나는 삶을 간증하며 자연스럽게 복음을 전했다.

로고스와 타이타닉

"그르르르… 끼익, 콰앙!"

1988년 1월 4일, 모두가 잠자리에 든 자정을 갓 넘긴 시간이었다. 배 안의 쇳덩어리들이 서로 부딪히는 충돌음과 함께 방안에 있던 물건들이 바닥으로 막 쏟아져 내렸다. 순간 선체가 약간 기울어져 있음을 느꼈다. 거센 폭풍과 높은 파도에 밀려 로고스가 항로를 벗어나 암초에 부딪힌 것이었다. 비상벨이 곧 요란하게 울리기 시작했고 모두 구명조끼를 착용하고 모이라는 선장의 목소리가 스피커를 통해 계속 들려왔다.

한치 앞을 내다볼 수 없는 급박한 상황에서 우리는 구명조끼를 입은 채 예배실에 모여 기도할 수밖에 없었다. 선체가 암초에 부딪혀 걸려 있었기 때문에 바닷물이 불어나는 새벽 만조시간을 기다려야만 했다. 주위는 칠흑같이 어두웠고 매서운 비바람은 끊임없이 불어왔다. 인간적인 방법이나 힘으로는 아무것도 할 수 없는 절박한 상황에서 우리는 주님께 기도드리며 울부짖었다.

> 하나님이여 나의 부르짖음을 들으시며 내 기도에 유의하소서 내 마음이 약해 질 때에 땅 끝에서부터 주께 부르짖으오리니 나보다 높은 바위에 나를 인도하소서 주는 나의 피난처시요 원수를 피하는 견고한 망대이심이니이다(시 61:1-3).

이 말씀과 시편 77편, 91편의 말씀을 묵상할 때 주님께서 놀라운 위로와 평안을 허락했다. 그리고 새벽녘 바다 저편에 선명하게 떠오른 무지개를 바라보며 하나님의 언약의 말씀을 기억했다.

　새벽 만조 시간이 되자 바닷물이 차오르고 파도가 높아졌다. 바로 그 때 암초에 걸려있던 선체를 떠올리기 위해 배 물탱크를 비우고 무게가 나가는 물건들을 바다로 내던졌다. 그리고 엔진을 최대한 가동시켰다. 선체는 전후좌우로 심하게 요동하기 시작했고 선상의 모든 물건들이 바닥으로 떨어져 내렸다. 그 순간 암초와 배 밑바닥이 심하게 부딪힐 때 들리는 꽝음으로 인해 고막이 터져나갈 것 같았다. 계속된 충돌로 인해 결국 배 밑바닥에 구멍이 뚫렸고 바닷물이 순식간에 밀려 들어왔다. 마침내 엔진은 작동을 멈추고 선체가 갑자기 한쪽으로 심하게 기울기 시작했다.

　"배를 떠나라!"는 선장의 최후 명령에 따라 우리는 모두 구명보트로 즉시 옮겨 탔다. 당시 배 안에 타고 있던 139명은 배가 심하게 기울어진 상태에서 신속하게 6개의 구명보트에 옮겨 탔다. 긴박한 상황이었다. 특히 기울어진 배의 반대편에 위치한 세 개의 구명보트를 밑으로 내리는 것은 거의 불가능하게 보였다. 만약 구명보트가 뒤집혀 타고 있던 사람들이 바닷물 속에 잠기기라도 한다면 차가운 물 속에서 그대로 얼어 죽을 수밖에 없었다. 태어난 지 겨우 한 달 밖에 되지 않은 갓난아이를 포함한 어린이 10여 명과 우리 모두는 생명을 주님께 맡기고 바닷물 속으로 침몰해가는 배에서 신속히 탈출했다.

　마치 "타이타닉" 영화에 나오는 장면처럼 당장이라도 배가 침몰할 것 같았다. 그 순간, '이제 천국 가는구나!'라는 생각이 들었다 . 아비규환을 예상할만한 불안한 상황이었지만 왠지 모를 평안을 느낄 수 있었다. 우리는 모든 지각에 뛰어난 하나님의 평강과 초자연적인 평정심을 유지하며, 그동안 철저하게 익힌 구명보트 훈련지침대로 빈틈없이 행동으로 옮겼다. 결국 주님의 놀라운 돌보심으로 단 한 명의 인명 피해 없이 모두 구조되었다.

그 당시 내가 몸에 지닌 것이라곤 배에서 빠져 나오면서 입고 있던 옷 한 벌과 포켓용 성경이 전부였다. 그같이 절박한 순간에 내게 소중한 것은 생명과도 같은 성경말씀이었다. 생의 막다른 길목에서 하나님 말씀을 붙잡고 간절히 기도했을 때 주님께서 허락하신 놀라운 평안과 기적을 평생 잊을 수 없다.

기쁨의 재회

로고스가 좌초된 이후 사고 수습과 사후대책을 마련하기 위해 우리는 아르헨티나의 부에노스아이레스로 이동하여 잠시 머물게 되었다. 한국대사관으로부터 우리가 머물고 있던 숙소로 연락이 왔다. 아이티에서 만났던 그 대사님이 근무지를 옮겨 아르헨티나로 발령을 받아 오신 것이었다. 로고스 좌초 소식을 신문, 방송을 통해 듣고서 수소문하여 어렵게 나의 연락처를 알아낸 것이었다. 1년 만의 재회였다. 또 한 번 식사 초청을 받았다. 대사님의 사모님이 신앙생활을 하게 되었고, 성경공부 모임도 열심히 참석하고 있다는 말을 듣고서 매우 기뻐했던 기억이 있다.

로고스가 니카라과의 코린토 항구를 방문한 적이 있다. 공식 개장식에 그 나라 고위층 관료들을 비롯해 여러 나라 대사들이 대거 참석했다. 나는 한국 대사님도 참석하신다는 소식을 듣고 무척 기뻤다. 반가운 마음으로 만나고 보니 북한 대사님과 수행원들이었다. 강한 북한 억양을 처음 들을 때 무슨 말인지 잘 알아들을 수가 없었고, 수행원들의 옷차림이나 인상은 매우 순박한 시골 사람들처럼 보였다. 당시만 해도 니카라과는 공산주의 국가로서 북한과 외교관계를 맺고 있었고, 남한과는 교류가 없었다. 나는 그 사실을 그제서야 알게 되었다.

북한 사람들은 로고스 안에 한국인이 나 혼자였기 때문에 외로울 것이라며 수차례 나를 찾아왔다. 나는 그때마다 배 안에서 식사를 대접하고 한국어로 된 전도지, 기독교 서적, 설교 테이프 등을 선물했다. 그들은 계속 나를 찾아오고 아름다운 금강산 그림이 그려져 있는 선물도 주면서 북한대사관으로 초청하며 맛있는 한국음식을 대접하겠다고 했다. 귀가 솔깃한 제안이었지만 배에서 일하지 않는 쉬는 날까지 기다려야 한다고 말했다.

그 다음날 코린토 시내로 볼일을 보러 나갔다 돌아온 말레이시아 형제가 급히 나를 찾았다. 부둣가 골목 어귀에 북한 수행원들이 기다리고 있더라는 것이었다. 그 말레이시아 형제는 안경도 쓰고 나와 인상착의가 비숫했기에 북한 수행원들이 나로 착각하고 접근한 것이었다. 그 북한 사람들의 태도가 아무래도 좀 수상하다고 하면서 절대로 배 밖으로 나가지 말라고 조언을 해 주었다. 사실 그 당시만 해도 북한에 의해 납치 사건이 일어나곤 했었다. 말레이시아 형제가 당시 상황을 이야기해 주지 않았더라면 납치 사건이 발생할 수도 있었는데 하나님께서 개입하셔서 보호해 주신 것 같다.

그 후 북한 사람들이 계속 나를 찾아왔지만 핑계를 대면서 나는 배 밖으로 나가지 않았다. 나중에 수도 마나과에서 국제 친선의 밤 행사에 그들을 초청했고 많은 북한 사람들이 단체로 참석하여 복음을 들을 수 있는 기회를 갖게 되었다. 그때 먼 이국땅에서 만났던 북한 사람들은 통일된 나라에서 다시 만나자고 한 말이 아직도 귀에 생생하다. 통일된 나라에서 아니면 언제가 천국에서 그들을 다시 재회할 수 있기를 고대한다.

주님의 채우심과 복음의 능력

로고스가 좌초되면서 우리는 졸지에 삶의 터전을 잃어버린 신세가 되었다. 주님의 복음을 전하는 선교선이 어떻게 좌초될 수 있단 말인가? 도저히 믿기지가 않았고, 정신적 충격과 더불어 영적으로 침체되기도 했다. 나는 조용한 곳을 찾아가 기도했고 그 가운데 영적으로 놀라운 은혜와 부요함을 경험했다. 로고스 좌초 사건은 내 생애에 또 하나의 중요한 전환점이 되었다. 선교선과 함께 모든 것을 순식간에 잃어버렸지만, 모든 것을 배설물로 여긴다고 말한 바울의 고백처럼 그리스도를 경험하고 아는 지식이 가장 고상한 것임을 깨달았다(빌 3:7-8). 삶에서 가장 중요한 우선 순위가 무엇인지를 확인하는 계기가 되었고, 사역 기간을 더 연장하며 장기선교사로 헌신하게 되었다.

로고스가 좌초된 후에 나는 배가 원래 방문하기로 계획했던 아르헨티나 항구를 중심으로 전국을 순회하며 복음을 전하는 오엠팀에 합류하기로 했다. 20여 명이나 되는 그 팀의 멤버들을 대부분 중·남미 출신 형제, 자매들이었고 스페인어를 주된 언어로 사용하고 있었다. 선교선 좌초 사고로 인해 아직 정신적인 충격이 채 가시기도 전에 새로운 환경에 적응해야 했고, 계속되는 사역으로 나의 몸과 마음은 지치다 못해 거의 탈진 상태에 이르렀다.

배가 좌초될 때 모든 소지품을 잃어버렸고 한동안 정말 '무소유'에서 오는 자유를 마음껏 만끽하며 지냈다. 그런데 문제는 갈아입을 속옷과 양말이 부족해 몇 번이고 뒤집어서 계속 입어야 했다. 어느 날 쪽지에 내 이름이 적힌 조그마한 가방을 하나 전해 받았다. 누가 보냈는지 이름도 없고 주소도 없었다. 가방을 열어 보니 속옷들이 가득 들어 있었다. 낯익은 한국 제품이었고 나에게 꼭 맞았다. 주님의 공급하심을 통해 큰 위로와 힘을 얻을 수 있었다.

우리 팀은 아르헨티나 전국을 다니며 축호전도, 노방전도 등 다양한 방법으로 복음을 담대하게 전했다. 나는 비록 서투른 스페인어로 복음을 전했지만 날마다 영혼들이 주님께 돌아오는 하나님의 역사하심을 보며 놀라운 말씀의 능력과 성령의 역사를 경험했다.

유럽을 가슴에 품다

1988년 7월, 남미 사역을 마치고 유럽에 있는 무슬림들을 위해 복음을 전하는 터닝 포인트(Turning Point)팀에 합류했다. 먼저 영국 런던 본부에서 무슬림들을 위한 선교훈련을 받은 후 스페인 남쪽으로 내려갔다. 남미에서 사역하는 동안 스페인 선교에 관심 있는 남미 출신 형제·자매들을 많이 만났다. 스페인에는 약 1백만 명의 무슬림들이 거주하고 있었고, 특히 남부지역은 약 800년 동안이나 이슬람 세력인 사라센 제국의 지배를 받은 곳으로 북아프리카 선교의 전략적인 전초기지가 되는 곳이었다.

우리 팀은 스페인의 최남단 항구 도시인 알헤시라스(Algeciras)에 베이스를 두고서 사역했다. 그 항구는 북아프리카 대륙이 보이는 가까운 곳에 있었고, 하루에도 모로코를 비롯해 북아프리카 출신의 수많은 사람들이 행렬을 지어 유럽으로 오가는 중요한 관문이었다. 우리 팀은 그곳에서 북아프리카 출신의 무슬림들을 접촉해 아랍어, 불어, 스페인어로 된 성경과 전도지를 나누어 주었다. 우리는 주로 서로 만나 교제하면서 복음을 전했고, 모로코 출신의 한 형제는 주님을 영접하고 나서 몇 년 후, 로고스 2에 승선하여 사역했다.

오엠에서 거의 3년간의 사역을 마치고 1989년 6월 말 한국으로 귀국했다. 한국에 돌아왔을 때 100명이 넘는 한국 젊은이들이 "러브 유럽"에 참가하기 위해 준비하고 있었다. 나는 귀국하자마자 러브 유럽의 스태프로 봉사하도록 요청을 받아 한국인 참가자들을 훈련시키고 인솔하여 유럽을 오가며 그들을 섬겼다. 3년 전, 벨지움에서 있었던 오엠 선교수련회에 처음 참석했을 때 한국 젊은이들에게도 이런 기회가 속히 오기를 열망하며 기도했었는데, 그때 주님이 주셨던 마음의 소원을 들어주시는 것 같아 무척 기뻤다.

그 당시 한국 교회에는 '단기선교'라는 개념이 아직 생소한 때였다. 1989년 여름, 독일 오펜버그에서 열렸던 러브 유럽에는 약 80여 개국에서 약 7천여 명이 참석했다. 모든 참가자들은 수련회를 마친 후에 팀을 이루어 유럽, 중앙아시아, 북아프리카, 중동에 이르기까지 각 나라로 흩어져 복음을 전했다.

러브 유럽 사역을 마치고 김포국제공항으로 귀국했는데, 공항에는 뜻밖에도 한국오엠의 대표를 새로 맡게 된 최춘호 목사님 내외분이 기다리고 계셨다. 저녁 식사를 대접해 주시면서 한국오엠 사역을 함께 시작하자는 제의를 했다. 1989년 가을, 한국오엠이 한국외항선교회로부터 독립하여 새롭게 출범하게 된 것이었다. 그 당시 나는 한국외항선교회와 모교회인 부전교회로부터도 사역에 대한 제의를 이미 받았기 때문에 고민하지 않을 수 없었다.

주님의 분명한 뜻을 구하기 위해 금식기도를 하기로 작정하고 기도원으로 가면서 성경과 함께 조지 버워 설교 테이프들을 챙겨 가는 실수[2]를 범했다. 말씀을 묵상하고 기도하면서 조지 버워 설교를 듣는 중에 세계복음화에 다시 한 번 새롭게 도전받게 되었고 로고스가 좌초될 때 생명을 구해 주시고 장기선교사로 헌신하게 하셨던 주님의 마음을 느낄 수 있었다. 좋은 조건을 제시하는 안정된 사역보다는 도움이 더 필요하고 새롭게 출범하는 한국오엠의 개척사역에 강한 부담을 느꼈다. 그래서 오엠과의 사역기간을 또 다시 연장하는 마음으로 새롭게 헌신했다.

그런 와중에 내가 맡은 사역은 선교사 훈련과 여름단기선교를 담당하는 일이었다. 업무의 모든 부분과 선교훈련 프로그램을 처음부터 시작해야 했고 하나하나 개척하는 사역이 그리 쉽지는 않았다. 그렇지만 주님의 놀라운 은혜와 축복으로 1990년, 한국오엠이 출범된 첫해에 35명의 선교사들을 훈련시켜 파송할 수 있었다. 이때 훈련받은 한국오엠 1기 선교사들은 매우 열악한 환경 가운데 강도 높은 훈련을 받으면서도 사무실 인테리어와 개척사역에 필요한 여러 잡다한 일을 도우며 함께 했고, 현재 그들은 각 선교지에서 훌륭한 리더십을 발휘하며 모범적인 사역을 잘 감당하고 있다.

한국오엠 사역이 시작된 이후 수년에 걸쳐 여름마다, 200여 명이 "러브 유럽"과 "러브 아시아"에 참가했다. 이를 통해 수많은 한국 젊은이들이 세계선교에 동원되었고 장·단기 선교사 혹은 전문인 선교사로 헌신하게 되었다. 나는 "러브 유럽"이 시작된 이후 수년 동안 스태프로 섬기면서 한국인 참가자들을 위해 훈련과 통역 등으로 섬겼고 유럽 각 나라를 방문하며 현지 사역에 동참할 기회를 가졌다.

매년 오엠의 장·단기 선교사로 수많은 사람들이 헌신했으며 어떤 해에는 두 번에 걸쳐 100명 이상이 오엠 선교사로 파송되었다. 나는 네덜란드 드브론에서 열린 오엠 연례수련회에 수년 동안 참가하며 한국인 선교사들의 최종 사역지를 결정하는 일을 안내했고, 집회 통역 등으로 섬길 기회를 가졌다.

1992년부터 미국에서 목회학 석사 과정을 공부하면서 미국오엠과 협력하며 사역했다. 동시에 한국오엠의 국제총무로서 계속 함께 사역했다. 여름방학 기간에는 러브 유럽 사역과 오엠 연례수련회에 참가해 봉사했고, 겨울방학에는 오엠 국제지도자 회의와 선교전략 모임에 참가했다.

그동안 경험한 오엠 사역이 신학공부를 하는 데 큰 도움이 되었다. 부족한 학비를 마련하기 위해 학교 관리부서에서 수리작업과 청소와 같은 잡다한 일을 하다가 나중에는 학교도서관에서 일을 했다. 그리고 히브리어와 구약 과목의 조교로 일했고, 졸업식에서 그 학과목 분야에 수상을 했다. 학교로부터 교수요원으로 남기를 제안받기도 했지만, 선교에 동참하기 위해 바로 거절했다. 미국에서 신학 공부를 마치고 선교 사역을 놓고 기도했다. 얼마 후 한국오엠과 미국오엠과의 협력으로 미주한인오엠이 새롭게 출범되어 나는 그 새로운 개척 사역을 위한 주님의 부르심을 받고 헌신하게 되었다.

어머니의 영원한 사랑

미국 풀러선교대학원에서 공부하는 중에 가까운 곳에 사는 몰리 목사님 집에서 매주 열리는 내적 치유 모임에 참석했다. 치유 기도를 하는 동안 성령님이 내 마음 속에 숨어있던 것들을 속속들이 드러내셨다. 특히 어머니에 대한 깊은 죄책감이 드러나자 견디기 힘들었다. 철없는 막내로 자라며 주님의 일과 선교 활동한다고 하면서 어머니께 제대로 효도하지 못한 것이 내 마음 깊은 곳에 후회와 큰 죄책감으로 남아 있었던 것이었다.

해외에서 선교활동을 하면서 이따금 한국에 갈 때마다 어머니를 잠시 뵙곤 했다. 나는 여전히 철없는 불효자식이었다. 그런데도 어머니는 용돈을 모아두셨다가 모두 나에게 아낌없이 주셨다. 어머니가 위암 말기라는 사실을 뒤늦게 알게 되었다. 부랴부랴 수술은 했지만 6개월 밖에 더 사시지 못했다. 어머니가 돌아가신지 많은 시간이 흘렀지만 쉽게 잊혀지지 않았다.

그날 밤 나는 깊은 치유를 경험했다. 성령님이 강하게 임재하시며 나를 만지셨던 것이다. 비로소 모든 상처가 아물고 주님이 주시는 평안을 맛볼 수 있었다. 차를 운전하며 집으로 돌아오는 길에 목이메이도록 울며 어머니를 마음껏 소리쳐 불렀다. 그리고 내 영혼 깊은 곳에서 성령님의 놀라운 사랑과 위로를 경험하며 목소리 높여 주님을 찬양했다. 집에 와서도 그 감동을 떨칠 수 없어 한밤중에 동네 뒷산으로 올라가 몇 시간 동안 목소리 높여 찬양하고 기도했다. 훗날 풀러선교대학원에서 리더십·멘토링 전공으로 철학박사(Ph.D.) 학위를 받았을 때, 박사 논문 헌사에 하나님의 영원한 사랑을 깨우쳐 주고 천국에 가신 어머니께 바치는 글을 넣었다.

글로벌 리더십 계발과 멘토링 사역

어느 날, 낯선 사람으로부터 전화를 받았다. 전화 목소리가 잘 들리지 않았고 "LA Times" 신문을 구독하라는 광고처럼 들렸다. 끊으려는 순간 상대방이 간곡한 목소리로 이야기를 하는 것이 아닌가. 알고 보니 LAUSD(LA 통합교육구) 성인교육부 디렉터였다. 들어본 적이 없는 기관이지만 일단 만나기로 했다. 나중에 알고 보니 그 만남이 바로 면접이었다. 풀타임으로 일하는 것을 제의 받았지만 박사과정 학업 때문에 파트타임으로 일했다. 나중에야 알게 된 사실이지만 그 직장은 미국 정부의 준공무원으로 매우 까다로운 모집행정절차를 거쳐야 했다. 주님께서 또 개입하신 것이다.

1주일 동안 훈련 과정을 거친 후 미국인들을 대상으로 영어로 가르쳤다. 백인들도 있었지만, 주로 흑인들이 많았고, 가끔 히스패닉들을 대상으로 스페인어로도 가르쳤다. 그들에게 꿈과 희망을 심어주고 사회에 공헌할 수 있다는 자신감과 더불어 구직 기술과 커리어 코칭을 해 주었다. 이를 통해 자연스럽게 신앙을 나누고 복음을 전할 수 있는 기회도 가질 수 있었다. 약 4년 동안 가르치면서 글로벌 리더십 계발을 위한 실제적인 교수법을 익히고 멘토링 사역을 위한 좋은 경험을 쌓을 수 있었다.

2008년, 주님은 우리 가족을 한국으로 인도해 주시면서 한동대, 인하대, 장신대 대학원(영어 과정), 서울신대 대학원 등지에서 리더십과 멘토링을 강의할 기회가 생겼다. 또한 여러 교회와 선교단체에서 리더십과 멘토링을 가르쳤고, 말레이시아, 태국, 캄보디아, 베트남, 몽골, 네팔, 키르키스스탄 등지를 방문하여 선교사들과 현지인 지도자들을 위해 가르치며 섬길 수 있었다. 하나님께서 각자를 어떻게 리더로 다듬는 과정에 대한 리더십 강의를 할 때 성령님의 감동과 강한 역사 때문에 수업을 계속 진행할 수 없었고 선교사님들과 함께 울면서 시간을 보낸 적도 많았다.

박사학위를 마친 후에 바로 선교 사역의 기회가 열리지 않아 주로 교수 사역과 멘토링 사역 그리고 교회에서 영어예배를 섬겨왔다. 그런데 2009년 10월에 조지 버워 내외분으로부터 오엠과 다시 사역하기를 제안하시는 연락을 받았다. 주님께 나의 새로운 사역을 위해 후원해 줄 교회나 기도동역자를 보내주시라고 기도하기 시작했다. 주께서 나에게 허락하신 비전인 리더십 계발과 멘토링 사역에 관심 있는 교회가 없어서 큰 기대는 하지 않았다. 얼마 후 어느 조그마한 개척교회 목사님으로부터 기도와 물질로 후원하고 싶다는 연락을 받았다. 나의 부족한 믿음과는 달리 그 후부터 주님께서는 후원 교회와 기도동역자를 보내주시기 시작했다.

1986년, 대학을 졸업한 직후부터 오엠 사역을 시작했는데 어느새 28년이란 세월이 흘렀다. 일시적으로 오엠 사역을 중단한 적도 있었지만 마음만은 오엠을 떠난 적이 없다. 내 인생의 황금기를 거의 오엠과 함께 보낸 것 같다. 여러 훈련과 역경이 있었지만 내겐 축복의 시간이었다. 그리스도를 아는 지식과 하나님을 경험하는 것이 세상 그 어떤 것보다 더 귀하고 가장 고상하기 때문이다.

정말 자유로운가?

_유호순

1986년, 오엠 둘로스에서 사역을 시작했으며
오엠 영국본부에서 사역하다가,
2000년부터 남편이 목회하는 영국 웨일즈에 있는
스트롯교회(Stroat church)를 섬기고 있다.

자유롭던 시절

내성적이고 수줍음이 많던 내가 나 아닌 다른 사람을 꿈꾸었다. 먼저 거대한 탈바꿈을 위한 장이 필요했다. 그것으로 대학캠퍼스가 제격이었다. 당차고 자신감이 넘치는 또 하나의 유호순이 마침내 탄생했다. 원래 모습을 감추려 애쓸 필요도 없었다. 그 누구나 내 이전 모습을 알지 못하니까. 술도 잘 마시고, 춤도 잘 추고, 성격 쾌활하고, 이 정도면 캠퍼스에서는 매력이 넘치는 유호순이었다. 종로와 무교동 디스코텍에서 일단 몸을 풀고, 주점에 들러 빈대떡에 약주사발을 들이켰다. 하루하루가 잘도 굴러갔다. 이름만으로도 멋진 요트 동아리에 들었다. 주말마다 양수리에서 보냈다. 그러다보니 교회는 점점 내 삶에서 멀어졌다. 다만 부담스러운 것이 하나 남아있었다. 그것은 바로 딸을 늘 걱정하시는 어머니의 시선이었다.

자유로운 영혼, 일단 교회에서 최대한 멀어질 필요가 있었다. 내가 배운 하나님은 심판의 하나님, 무서운 하나님이다. 그 하나님의 손에서 벗어나는 것이 곧 자유라고 생각했다. 내겐 고리타분한 종교가 아닌 자유로운 사상과 철학이 필요했다. 철학이라는 확대경으로 불교를 바라보기 시작했다. 충분히 빠져봄직한 영역이었다. 게다가 인도에서 수학했다는 교수님의 불교철학 강의는 나름대로 흡족했다. 인간의 잘잘못을 심판한다는 동화적 하나님보다는 부타가 훨씬 이성적이었다. 과연 내 영혼은 자유로운가? 입증할 필요가 있었다. 그동안 나를 지탱했던 도덕관을 벗어버리고 온전한 자유, 표현을 달리 하자면 소위 방탕한 생활을 했다.

그러던 어느 날, 내 안에 가득 찬 공허함을 마주했다. 항상 내 벗으로 남을 것 같았던 친구들(우린 문리대 "사순이"로 불렸음)과도 멀어지기 시작했다. '죄'란 과연 인간이 만들어 낸 단어일 뿐이라고 합리화하면 할수록 내 안에는 죄책감이 그 무게를 더 했다. 어느 순간 나는 내가 그토록 부정하던 하나님을 향했다.

1985년 12월 초는 몸과 마음이 모두 분주했다. 졸업은 다가오고 졸업 후엔 기자를 꿈꾸다보니 이런저런 생각할 짬이 없을 때였다. 다가올 올림픽을 대비하여 각 방송사들의 방송기자 모집이 늘었다. 나도 거기에 응시했으나 시험에 떨어짐으로 비로소 현실의 쓴맛을 맛보았다. 미래에 대한 불안감이 몰려왔다. 불확실성에 대한 두려움이기도 했다. 실패의 쓰라림과 더불어 지푸라기라도 잡아야 한다는 절박감을 느꼈다.

기자에 대한 꿈은 포기할 수 없기에 계획에도 없던 교육대학원에 응시했다. 결과를 확인하기 위해 학교로 가려는데 전화가 걸려 왔다. 외항선교회의 총무였던 최기만 목사님의 사모님 전화였다. 최기만 목사님은 나랑 가장 친한 고등학교 친구의 아버지였다. 친구 아버지의 직업이 목사라는 사실 외에는 달리 아는 것이 없었고 관심도 없었다. 사모님은 전화로 내게 잠깐 집에 들러달라고 했다.

목사님 댁에 가기 전에 일단 학교에 가서 합격자 명단을 확인했다. 4:1의 경쟁률을 뚫고 무사히 합격했다. 합격을 확인한 후 친구의 어머니를 뵙기 위해 서교동으로 향했다.

내 인생의 터닝포인트

12월 초, 바람이 차고 거셌다. 그러나 합격의 기쁨이 냉기를 덮어주었다. 대학원 합격은 곧 기자 시험을 다시 치를 수 있는 2년간의 유예기간을 확보했다는 것을 의미했다. 서교동에 도착하니 친구 아버님과 어머니가 늘 그러했듯 환한 미소로 나를 맞아 주셨다. 그리고 내게 뜻밖의 제안을 했다. 친구와 함께 둘로스에 가 보지 않겠냐는 것이었다. 둘로스라니? 그때까지만 해도 둘로스가 무엇을 하는 곳인지도 몰랐고 외항선교회가 어떤 곳인지도 알지 못했다. 그러나 그 말을 듣는 순간 머리를 한 때 세게 얻어맞은 듯했다. 그리고 이상하게도 그 말이 하나님의 말씀이라고 느껴졌다.

내가 하나님께 서원했던 것을 일깨웠기 때문이다. 그동안 새카맣게 잊고 있었던 하나님과의 약속, 그 약속의 기억이 되살아 난 것이다. 대학에 입학하기 전, 내겐 하고 싶은 일이 아주 많았다. 그래서 전공을 선택하기가 힘들었다. 연극영화, 사회복지는 물론 선생님도 되고 싶었다. 그뿐 아니라 슈바이처와 같이 인도주의를 실천하는 일을 하고 싶었다. 그래서 하나님께 서원했다. 대학 4년을 마치고 나면 신학을 공부해서 슈바이처와 같이 인류를 위한 선교사가 되겠다고 말이다. 다행히 그 당시 슈바이처가 위대한 선교사라는 사실은 알고 있었다(나는 당시 박애적인 인도주의자였던 슈바이처가 위대한 선교사라고 알고 있었다.). 하지만 친구 어머니가 말씀한 둘로스에 대해서는 아는 바가 없었다. 기자가 되겠다는 일념에 하나님과의 약속은 안중에도 없었던 것이다. 기억을 했더라도 대수롭지 않게 묵살했을 것이다.

버스를 타고 돌아오는 길, 힘겹게 얻어 낸 대학원 합격은 이미 안중에도 없었다. 내 마음은 이미 둘로스에 완전히 빼앗긴 상태였기 때문이다. 그러나 선교사가 되기 위해 어떤 준비를 해야 하는지 알지도 못했을 뿐더러, 실제로 준비한 것도 없었다. 선교사가 되기 위해 수년간 준비하신 선교사 후보생들에게 이런 내 모습이 얼마나 철없게 보였을까?

우스갯소리를 하자면 이것이야말로 세상에서 말하는 '낙하산'은 아닐까? 이렇듯 아무것도 모르는 상태에서 둘로스에 가게 됐다. 내가 선교사로 나갈 준비를 하고 있다는 것에 대해 부모님은 전혀 모르셨다. 대학원에 열심히 다니는 줄로만 아셨다. 대학원에 다니면서 인천에 입항하는 배에 올라 언어를 익히고 전도하는 훈련을 받았다.

짧은 시간 동안 너무 많은 변화가 내게 일어났다. 급변한 내 모습에 친구들과도 점차 멀어졌다. 둘로스에 가기 위한 준비는 한 것이 없지만 단한 가지, 이 길이 하나님의 뜻이라면 그분이 모든 필요를 채우실 것이라고 믿었다. 다음 해 8월까지 여러 사람의 도움으로 후원교회와 필요한 서류 준비를 마치고 한국을 떠나 디브론으로 갔다

아름다운 디브론

매년 열리는 디브론 컨퍼런스에 참가했다. 새로이 합류한 선교사들이 컨퍼런스를 통해 각자의 사역지를 정하게 된다. 디브론의 풍경은 모든 것이 새로웠다. 네덜란드의 수로를 끼고 지어진 컨퍼런스 센터에는 야영장과 숙박시설이 갖춰져 있었다. 아침이면 9월의 서늘한 물안개로 사방이 촉촉하지만 곳곳에서 아침 큐티를 하는 형제자매의 모습은 지금도 잊을 수 없다. 수로 건너 너른 옥수수밭이 펼쳐지고, 그곳에서 길을 따라 좀 더 걸으면 풍차도 있다. 전형적인 네덜란드 풍경에 빠지지 않는 풍차. 아름답고 목가적이었다.

지금은 오엠 컨퍼런스가 디브론에서 열리지 않는다. 그러나 대다수 오엠 선교사들에게는 잊을 수 없는 추억의 장소이다. 그분들이 사역지로 떠나기 전, 다른 사역지의 선교사들과 교제하고 지도자들과 만나 사역지의 소식을 들었던 곳이기 때문이다. 특히 저녁간식으로 사먹었던 마요네즈 곁들인 감자칩은 오엠 선교사들이라면 누구나 기억할 것이다.

컨퍼런스를 통해 깨달은 두 가지 사실, 하나는 내 영어가 서툴러 아무것도 할 수 없다는 것이고 또 하나는 오엠 소속 선박 외에도 사역지가 많이 있다는 것이었다. 나보다 몇 달 먼저 와서 유럽에서 여름전도캠프를 마친 이들은 너무도 자연스럽게 사람들과 어울렸다. 그렇지 않아도 낯선 것투성이인데 그런 모습을 보니 다시금 주눅이 들었다

역시 영어라는 언어의 장벽은 높았다. 영어를 자유롭게 구사하지 못하다보니 유럽에서 온 사람들보다는 말레이시아나 인도네시아처럼 동아시아권 사람들과 친하게 되었다.

오! 나의 둘로스

둘로스와 로고스 두 척의 배로 선교 사역을 펼치는 오엠의 중앙본부는 남부독일의 모스박(Mosbach)에 있었다. 선교지를 택해 떠난 사람도 있고, 배로 돌아가기로 결정한 사람들도 있다. 배로 가기로 결정한 사람들은 일단

이곳으로 가서 3주 정도 있다가 배로 가야 했다.

그 당시 둘로스는 아프리카에, 로고스는 남미지역에 있었다. 나는 선박 교체 시기인 10월까지 독일에서 시간을 보내게 되었다. 그런데 나처럼 배로 가기로 결정한 사람들 상당수가 곧장 모스박으로 가지 않고 일단 자기 고향으로 갔다가 일주일 전쯤 왔다는 사실을 나중에서야 알게 되었다. 언어가 짧았던 탓에 주위상황이 어떻게 돌아가는지 제대로 알지 못했던 나는 무조건 복음버스에 올라 독일로 향했다. 런던의 예쁘장한 빨간색 이층버스와 너무도 대조적인 낡은 회색 버스였다.

모스박은 하이델베르크에서 30분 거리에 있는 작은 도시다. 1986년 당시 오엠중앙본부가 이곳으로 이사한지 얼마 안 되었던 때라 건물은 계속 수리 중이었다. 형제들은 지붕을 고치고, 건물을 수리하는 일을 했고, 자매들은 부엌일과 청소를 도왔다. 돌이켜보면 배에 오르기 전이었으나 이미 사역은 시작된 것이다. 나는 부엌에서 비르루투라는 야채 껍질을 벗기는 일을 하게 되었다. 한 번도 본 적이 없는 토란처럼 생긴 채소였다, 칼로 껍질을 까고 나면 손이 온통 빨갛게 되었다. 그리 어려운 일은 아니었다. 그러나 라면 끓일 때 빼고는 부엌에 가본 적이 없는 나로서는 붉어진 내 손을 보고 눈시울까지 붉혔다. 이처럼 내가 누군지를 확인하는 데서부터 사역이 시작되었던 것 같다.

차차 부엌일에 익숙해지고, 독일 특유의 검은 빵의 알게 될 무렵 그곳을 떠나야 했다. 남미행 로고스팀과 헤어져 파리의 드골공항에서 카메룬

행 비행기를 타야 했기 때문이다. 카메룬의 세관검색에서 나는 그냥 통과했다. 세관 여성 직원은 동양여자를 처음 봐서인지 아니면 내 체구가 작아서 어린이로 착각을 했는지 잘 모르겠으나 그냥 통과하라는 손짓을 했다. 지금 생각해도 웃음이 나오는 사건이었다.

우리를 실어 나르기 위해 배에서 '오엠 밴'으로 불리는 승합차를 보내왔다. 어찌나 낡았던지 그 연수조차 헤아릴 수 없을 정도였다. 지금 생각해 보니 생명줄과도 같은 안전벨트도 없었던 것 같다. 그 오엠 밴을 타고 항구에 도착했다. 일단 그 둘로스에 오르고 나면 2년간 배 생활을 하게 될 터였다. 흰색에 파란 띠를 두른 커다란 굴뚝 위에 GBA라고 표시된 둘로스는 위풍당당하게 그 모습을 드러냈다. 오리엔테이션을 마치고 작은 선실로 안내받았다. 미국인 신디, 영국인 캐서린, 싱가포르인 훈큐가 내 룸메이트였다. 앞으로 어떤 일이 펼쳐질지 아무도 알지 못했다

문화 충격과 소통 단절 그리고 바퀴벌레

복음성가 가수 출신인 신디는 성격이 활달했고, 솔직하고, 직선적이었다. 전형적인 미국인인 셈이다. 19세의 멜라니는 영국인 특유의 수줍음이 많은 소녀였는데 영국 황세자 재단에서 비서로 일했다고 했다. 성격이 활달하고 적극적인 훈큐는 은행에서 일하다 왔다고 했다. 서로 인사를 나눈

뒤 침대배정을 했다. 신디와 멜라니, 나와 훈큐 이렇게 짝을 지어 이층침대를 위아래로 나누어 사용하기로 했다. 그런데 겨우 하루를 넘기고 갈등은 시작되었다.

좁은 공간에서 네 명이 함께 지낸다는 것은 많은 인내심이 필요했다. 게다가 우리 모두 나이도 어렸고, 다른 문화에 대한 배려도 부족했다. 그러다보니 서로에 대해 오해가 끊이지 않았고, 오해는 실망을 낳았고, 결국 대화단절로 이어졌다.

그런데 가장 현실적인 문제는 청소에 관한 것이었다. 처음엔 훈큐와 내가 열심히 청소를 했다. 방에 딸린 샤워실을 청소하고, 옷가지를 정리했다. 그런데 신디와 멜라니는 청소에 전혀 관심이 없어 보였다. 그 두 사람에게 눈치를 주기 위해 훈큐와 나는 청소 순번표를 샤워실에 걸어두었다. 그러나 신디와 멜라니는 이렇다 할 별다른 반응을 보이지 않았다. 급기야 서로 감정이 상했고, 훈큐와 나도 더 이상 청소를 하지 않았다. 그 결과 우리 선실은 그 바퀴벌레의 온상이 되어 갔다.

그렇지 않아도 배 자체가 오래되다 보니 여기저기 바퀴벌레가 득실거렸다. 배에서 생활해 본 사람들은 누구나 바퀴벌레에 얽힌 에피소드를 적어도 하나쯤은 가지고 있을 것이다.─재미있는 에피소드 하나가 있다. 음식을 담당하는 갈리 선상에서 주방 일을 하던 형제 하나가 스프를 만들고 있었다. 그런데 스프에 커다란 바퀴벌레가 빠졌더라는 것이다. 그 형제는 바퀴벌레를 어떻게 했을까? 빠진 채로 요리를 했다고 한다(믿거나 말거나)─나는 잠자는 동안 무엇인가 내 몸을 기어가는 오싹한 느낌을 떨쳐 버릴 수 없었다. 여하튼 썩은 것과 더러운 곳을 좋아하는 바퀴벌레의 특성상 우리 선실은 바퀴벌레를 위한 최고의 조건을 갖춘 셈이었다.

승선한지 3개월쯤 지난 어느 날. 선장과 여성 팀리더가 예고 없이 들이 닥쳐 선실의 청결상태를 점검했다. 이들은 우리 방에 들어서자마자 놀라 더니, 며칠 후 우리를 호출했다. 사실 지난 수개월간 우리는 대화를 거의 단절하고 지냈다. 훈큐와만 대화를 했을 뿐 선실에서 모두 입을 다물고 자기 일만 했다. 훈큐와 나는 신디와 멜라니가 못마땅했고, 그들 역시 우 리에게 실망한 상태였다.

팀리더인 스코틀랜드인 쉴라는 지혜로운 분이었다. 너희 방이 왜 그렇 게 지저분하냐고 물을 줄 알았는데 의외로 서로에게 하고 싶은 말이 무 엇이냐고 물었다. 우리는 기다렸다는 듯 서로에 대한 불만을 봇물처럼 쏟 아냈다. 그러다보니 서로 소통을 하게 되었고, 소통이 시작되니 서로에 대한 오해가 있었다는 것도 알게 되었다. 예컨대 서양식 사고방식의 신디 와 멜라니는 우리가 열심 청소하는 것을 보고 본인들이 원해서 하는 일 이라고 생각했다. 반면에 동양식 사고방식을 지닌 훈큐와 나는 직접 요청 을 하지 않더라도 알아서 해 주겠지 하고 생각했던 것이다.

선실로 돌아온 후 우리는 비로소 대화의 창이 열리면서 분위기가 화기 애애해졌다. 그 후로는 순번을 정해서 청소를 했고, 바퀴벌레는 서운한 듯 우리 방을 떠나 다른 거처로 옮겨갔다. 선실에서의 경험을 통해 팀원들의 소통이 얼마나 중요한지 깨달았다. 또한 문화가 다르다고 마음의 문까지 닫아버린 것이 얼마나 큰 실수였는지 알게 되었다. 이때의 경험은 훗날 팀사역에도 큰 도움이 되었다. 일단 문제나 갈등이 생기면 그것을 숨기거나 마음속에만 담아두지 말고 상대방과 대화를 통해 오해를 풀고 서로를 이해해야 한다.

멀미여 안녕

배에서 하는 일은 저마다 다르다. 먼저 배를 움직이는 사람들, 즉 선장과 항해사를 비롯한 선원들이 있다. 그 다음 음식을 준비하고 청소들 하며 세탁을 담당하는 팀, 배 안에서의 행정을 담당하는 행정, 재정, 물품 담당관, 배 안과 밖에서 직접적인 전도하는 팀, 배에서 열리는 세미나를 통해 지역교회를 훈련하는 사역팀이 있다. 의사나 간호사, 교사처럼 전문직을 그대로 이어가는 사람들을 제외한 사람들은 대개 갑판 위에 설치된 책전시실에서 책을 팔거나 정리하는 일, 방문자들을 안내하는 일 등으로 승선 첫 해를 보내게 된다.

내게 주어진 첫 일은 책전시실에서 일하는 것이었다. 첫 항구였던 카메룬에서 오리엔테이션을 짧게 마치고 다음 목적지인 남미비아 항구로 향했다. 이곳에선 덩치가 큰 현지인들이 하역작업을 하고 있었다. 그들은 책을 정리하고 있는 나를 보더니만 난데없이 야유를 보내기 시작했다. 또 큰 소리로 무엇인가를 말했지만 겁에 질린 나머지 옆을 지나가던 훤칠한 키의 영국 형제에게 잠깐 내 옆에 있어 달라고 부탁했다.(그것이 인연이 되었고 그 형제는 현재 내 남편이 되었다)

남미비아항을 출발한 배는 남아프리카의 케이프타운을 향했다. 험난한 파도로 유명한 바닷길을 지나야 했다. 육지가 보이는 곳을 희망봉이라 불렀을 정도로 파고가 높은 곳이라고 들었다. 배가 떠나기 전 미리 멀미약을 먹고 침대에 누워 항해 준비를 했다. 내가 맡은 일이 책전시실 일이라 다행이었다. 만일 식당이나 세탁실 일을 맡았더라면 항해하는 내내 멀미를 대비한 봉지를 가지고 일을 해야 했을 것이다. 내가 하는 일은 배가 항구에 머물 때만 하는 일이라 항해 하는 동안 선실에 누워있는 호사를 누릴 수 있었다. 꼼짝 못하고 누워만 있는 내게 오렌지, 사과를 머리맡에 놓아주며 곧 익숙해질 것이라고 다독이던 분이 있었다. 그분은 안정로 선교사인데 봄베이에서 교통사고로 순직하셨기에 지금은 이 세상에 안 계신다.

항해할 때마다 두려움이 엄습했다. 남아프리카에 도착하자 태국에서 온 한 자매는 뱃멀미를 도저히 견디지 못하고 자기 나라로 돌아갔다. 멀미가 계속된다면 나도 배에 더 이상 머물 수 없을 것 같으니 돌아가겠다고 기도편지를 썼다. 그런데 웬일인지 남아프리카의 마지막 목적지인 더번항에서 케냐를 향한 5일간의 긴 항해에도 멀미를 하지 않았다. 그뿐 아니라 그 이후에도 멀미는 없었고, 나는 비로소 멀미에서 해방되었다. 2년 후 선교보고를 위해 한국으로 돌아갔을 때 얼마나 많은 분들이 내 멀미를 위해 기도하셨는지 알게 되었다. 그 당시엔 내가 환경에 잘 적응해서 멀미가 그친 줄 알았었다.

섬김이 곧 사역

배에서 1년이 지나자 모두 술렁이기 시작했다. 2년차가 되면 각자의 소임에 변화가 생긴다. 이를테면 단순노동직에서 사역팀으로 옮겨갈 수 있다. 일종의 승진과도 같았다. 배의 항로가 아프리카에서 아시아로 변하면서 소문이 나돌았다. 언어문제 때문에 지금까지 유럽인들이 사역팀에서 일했지만 아시아권에서는 아시아인이 사역팀에 배정될 것이라는 소문이었다. 나는 겉으로 표현만 안했을 뿐 속으로는 사역팀으로 가고 싶었다. 그런데 사역팀에 어느 한국인이 이미 내정되었다는 소문을 듣고 크게 상심했다. 그 사람보다 내가 영어를 더 잘하고, 일도 열심히 했는데 왜 내가 밀렸나 하는 서운함이 있었다. 다음 한 해를 또 힘든 육체노동을 해야 하는구나 생각하니 지레 지치고 모든 일이 힘들게 느껴졌다.

식당봉사에 배정이 되면 식사준비만 하는 것이 아니라 식사시간 동안 일렬로 대기하면서 서빙을 했다. 누군가가 식사 중 물병을 흔들면 얼른 가서 물을 채워 줘야 했다. 마음이 지쳐 있다 보니 물통을 흔드는 형제, 자매가 미웠고, 심지어 내가 이곳에 오게 된 원래 동기는 잊은 채 '내가 지금 여기서 뭘 하는 거지?'라는 생각마저 들기 시작했다. 게다가 마음 저편에는 질투심이 똬리를 틀고 있었기에 힘들기만 했다. 그러다가 기도중 하나님의 음성을 듣게 되었다.

"호순아, 넌 누굴 위해 이곳에 있니?"

내가 사역팀에 들어가고 싶었던 것은 자랑하고 싶은 마음이 복음을 전하겠다는 마음보다 컸다는 것을 순간 깨달았다. 그리고 제자들의 발을 씻기시기까지 낮아지셨던 주님의 모습을 보았다. 내 모습을 제대로 보고난 후로 모든 것이 달라졌다. 불평은커녕 이전이 그 어느 때보다 행복하게 식당봉사를 하게 되었다.

'넌 손이 없냐? 네가 좀 떠다 마시지.'

전에는 속으로 이렇게 툴툴거렸지만 이제는 발걸음도 가볍게 물을 채워 주었다. 비로소 섬김의 기쁨을 맛보게 되었다.

그 어느 곳에서나 섬길 수 있다. 섬김이 곧 하나님의 사역이다. 이를테면 기계실에서 기름을 닦는 것, 갑판에 칠을 하는 것, 거리에서 복음을 전하는 것, 이 모두를 통해 복음은 전파된다. 나중에 남편과 함께 목회를 할 때에도 이 일을 떠올리며 자신을 돌아보곤 했다. 하나님께서 맡기신 일이라면 그것이 어떠한 일이든 기쁨으로 행할 수 있는 내공이 쌓인 것이다.

우리는 태국에서 2년간의 사역을 마치고 돌아가는 친구들을 배웅하고, 새 친구들을 맞이했다. 어느새 우리는 선배가 되었고 새로운 직책을 맡게 되었다. 사역팀 가운데 하나인 훈련팀에 소속되어 배 안에 있는 선교사들에게 선교훈련을 시키는 일을 했다. 결국 사역팀에 가게 된 한국인은 바로 나였다. 나를 속속들이 알고 계신 하나님께서 훈련을 통해 낮아지는 법을 가르치셨던 것이다.

1987년, 훈련팀은 전도훈련과 선교사훈련을 진행했다. 우리 팀은 리더인 캐나다인 마이크와 그의 아내 로즈를 포함하여 모두 6명이었다. 배 위에서 일주일간 이론 훈련을 한 뒤 협력교회와 함께 사역현장에서 일주일간 전도사역을 했다. 배가 도착하기 전 사역 대상지역으로 가서 협력교회들과 함께 항만허가 및 내륙사역을 위한 준비 작업을 했다. 그리고 몇 명씩 팀을 짜서 노방전도, 축호전도(*가가호호방문전도), 학교방문 등 집중전도를 하면서 협력교회에서 말씀도 전했다.

가장 기억에 남는 인도에서의 에피소드를 소개하겠다. 내가 맡은 첫 팀은 남녀혼성팀이었다. 네덜란드, 캐나다, 영국 등 국적도 다양했다. 팀원 대다수가 영어가 능통했고, 경험도 많은 듯해서 몹시 긴장하고 있었다. 우리 팀은 각 마을을 걸어 다니면서 노방전도와 축호전도를 할 예정이었다. 마을에 도착해서 누가복음 등 쪽복음을 팔면서 현지인들과 접촉하는 방법으로 하기로 했다. 복음서를 판매하는 이유는 인도인들은 책자를 중요하게 여기기 때문에 아주 싼 값에라도 돈 주고 사야만 그 가치를 인정하기 때문이다.

팀리더로서 이왕이면 잘 하고 싶은 마음이 굴뚝같았다. 그래서 가이드를 맡은 현지 목사님과 함께 새벽부터 팀원들을 이끌고 마을마다 돌아다녔다. 그러나 어느새 정오가 되었고, 뜨거운 햇살이 사정없이 우리 머리 위에 쏟아졌다. 그때까지도 우리는 단 한 권의 책도 팔지 못한 채 모두 지쳐갔다. 수질이 좋지 않아 마을의 물을 마실 수 없어서 찻물로 갈증을 해소하곤 했는데 그날은 차조차 마시지 못했다. 한 짐씩 걸머진 책의 무게가 모두를 짓눌렀다.

팀원들의 따가운 시선이 느껴졌다. 뭐라도 하긴 해야 하는데 이렇다 할 방법이 없었다. 갈증을 참으며 걷다보니 학교 건물이 나타났다. 혹시 저 학교에서 전도를 할 수 있느냐고 현지 목사님께 물었다. 목사님이 대답하시길 이 학교는 사회주의 이념을 바탕으로 한 학교라서 기독교를 거부한다고 했다. 그 말을 들으니 오히려 도전해 보고 싶은 마음이 생겼다. 다행스럽게도 교장선생님이 출타중이셨다. 교감선생님은 학생들에게 절대 예수님에 대해 언급하지 않겠다는 약속을 하고 학생들과의 만남을 허락했다. 우리는 저마다 출신국이 다르며 현재 항구에 정박해 있는 둘로스에서 왔다고 소개했다. 학생들의 질문이 쏟아졌다. 그때 한 학생의 질문이 모든 상황을 바꾸어놓았다

"왜 나라도 다 다른데 함께 항해를 하는 거지요?"

질문에 대답하면서 자연스럽게 각 사람이 간증을 하게 되었던 것이다. 이에 대해 학교당국도 이의를 제기하지 않았다. 게다가 온종일 우리 어깨를 짓눌렀던 쪽복음도 학생들에게 거의 다 팔렸다. 하나님이 친히 모든 사역을 이끌어 가신다는 사실을 우리는 다시 한 번 확인했다.

어느 쪽을 택할 것인가?

배에 승선하는 평균연령은 20대 초반이다. 젊은 남녀가 같은 공간에서 지내다보니 서로 끌리는 사람들이 생기는 것은 당연했다. 오엠에서는 이러한 젊음을 다스리기 위해 에스피(SP−Social Permission)라는 규칙을 만들었다.

> 1. 첫 일 년 간은 남녀교제를 허락하지 않는다.
> 2. 교제허가를 받은 사람들은 게시판에 이름을 올리고 외부로 나갈 때
>   에는 샤프론(따라다니며 보살펴 주는 보호자)과 동행해야 한다.

지금 내 남편인 크리스와 나는 오엠으로부터 교제허가를 받지 못했다. 결국 우리는 오랜 대화와 고민 끝에 크리스와 나는 둘로스를 떠나기로 했다. 그 후 편지로 서로의 소식을 전하다가 1년 후 "러브 유럽"이 열리

는 독일에서 다시 만났다.

"러브 유럽"은 오엠 프로젝트 가운데 하나로 여러 다른 선교단체들과 연합하여 세계 기독청년들에게 선교비전을 제시했다. 나는 한국팀원을, 크리스는 영국팀원을 이끌고 온 것이다. 마침 한국에서는 88올림픽을 계기로 해외여행이 한결 자유로워졌다. 덕분에 많은 한국인들이 러브 유럽에 참석했다. 많은 젊은이들이 나처럼 새 사람이 되어 세계복음화를 꿈꾸기를 바랐다. 러브 유럽을 계기로 많은 사람들이 선교사로 재헌신했고, 단기선교에 대해서도 새로운 비전을 갖게 했다.

1990년 영국과 한국 두 곳에서 결혼예배를 드리고 부부가 되었다. 결혼 후 다니엘이 태어났고, 다니엘이 백일이 채 안되었을 때 영국으로 가게 되었다. 그 당시 영국 오엠 본부는 파송선교사 관리 및 재정 프로그램이 필요했고, 남편은 컴퓨터를 전공했기에 컴퓨터 프로그램 개발팀에서 일하게 된 것이다. 우리 가족은 아담한 이층집에 살게 되었다. 집과 오엠 본부는 아주 가까웠다. 봄이면 수선화가 만발하고 겨울이면 온통 흰색으로 변했다. 호수 위에는 기러기가 한가롭게 날고 그야말로 한 폭의 그림 같은 곳이었다.

그러나 시간이 지날수록 아름다운 풍경도 더 이상 감흥을 불러일으키지 못했다. 비가 많은 영국 특유의 날씨로 인해 실내에서 보내는 시간이 많아지다 보니 점차 우울해졌고 몸으로 부대끼며 동분서주하던 사역현장이 그리워졌다. 전 세계 오엠에서 사용하게 될 프로그램 개발 기초 작업을 끝낸 후, 싱가포르를 사역지로 선택했다.

그러나 비자가 나오기까지 1년을 기다리는 동안 남편은 컴퓨터 관련 일을, 나는 런던에 있는 한국계 은행에 취직했다. 그 후 싱가포르오엠과 여러 의견을 교환한 후 오엠을 떠나 지역교회를 돕는 길을 선택했다.

사실상 선교사의 옷을 벗어버린 셈이었다. 게다가 남편은 컴퓨터 관련 개인회사를 설립하여 큰돈을 벌었고, 부동산 가격의 폭등으로 런던에 집을 두 채나 소유하게 되었다. 풍요한 물질이 주는 달콤함과 자유를 즐겼다. 그러나 남편은 이러한 삶을 오히려 힘들어 했다. 하나님의 부르심을 더 이상 유보할 수 없으며, 돈 버는 일에 몰두하고 싶지 않다는 것이었다. 번 돈으로 선교사 후원도 많이 하고, 교회생활도 열심히 하지 않았느냐며 남편을 설득했다. 사실 나는 이전의 궁핍한 삶으로 돌아가기가 싫었다.

그러나 우여곡절 끝에 결국 우리 부부는 목회의 길을 걷게 되었다. 2000년, 남편은 오스웨스트리의 캐빈레인교회에 부임했다. 첫 부임지인 캐빈레인교회에서의 생활은 만만치 않았다. 어려움이 닥칠 때마다 내 안에 원망과 분노가 쌓였고, 그것은 가시 돋친 말로 표출되곤 했다. 또한 한국인이 많았던 런던을 그리워하기도 했다. 남편이 교회 일에 파묻혀 분주한 동안 나는 아이들을 핑계로 교회뿐만 아니라 남편과의 사이가 점점 멀어져갔다. 급기야 우리 부부의 문제가 교회장로들에게까지 전달되어 우리는 3년의 임기를 마친 후 재임용이 되지 않았고 교회를 떠나게 되었다.

그해 여름 갈등과 상처만을 끌어안은 채 오엠 총재인 조지 버워의 퇴

임식 모임에 참석하게 되었다. 그동안 기도와 후원으로 조지 버워와 동역했던 친구들이 세계 각지로부터 모였다. 이들이 무대 위로 한 분씩 올라와 조지 버워를 안아 주었다. 그때 하나님께서 물으셨다.

"너는 진심으로 한 영혼을 사랑한 적이 있느냐?"

나는 뜨거운 눈물로 대답을 대신했다.

"주님, 이제 주가 부르시는 곳이라면 어디든지 가겠습니다."

지금 이곳에

이곳 스트롯교회에 부임하기 전, 남편은 나를 데리고 와서 교회를 보여 주었다. 140여 년 전만 해도 노동자들이 밤마다 술잔치를 벌이던 곳이었다. 이러한 상황을 안타깝게 여기던 한 자매가 금주운동의 일환으로 수프 키친(soup kitchen)을 지었고, 이어 허허벌판인 이곳에 교회가 들어선 것이다. 남편이 내게 물었다. 이런 곳에서 살 수 있겠느냐고. 나는 자신 있게 대답했다.

"하나님이 함께 하시면 어디든지 상관없지요."

2004년 7월, 우리 가족은 사택으로 이사했다. 앞으로 어떤 일이 닥칠지 전혀 모르는 채 말이다. 말이 사택이지 1994년 이래로 사람이 거주하지 않았던 곳이었다. 주일학교나 창고나 거처가 없는 사람들을 위한 임시처소로 사용되었다. 그해 8월, 교회를 둘러싸고 있던 밀밭의 추수철이 되니 거처를 잃은 쥐들이 우리 집으로 들어왔다. 100년이 넘은 집이라 여기저기 쥐구멍과 비밀통로들이 많았다. 심지어 들토끼까지 집안으로 들어왔다. 처음엔 비명을 지르며 의자 위로 뛰어올라가곤 했으나 시간이 갈수록 쥐와 친해졌다.

9월이 되자 고약한 오물냄새가 코를 고문했다. 다음 해 작물재배를 위해 밭에 쏟아 붓는 거름냄새였다. 냄새는 쉽게 사라지지 않았다. 비라도 오면 좋으련만 9월엔 비가 잘 오지 않았다. 현관문과 모든 창문을 닫아 냄새를 막아보지만 큰 효과가 없었다. 게다가 그 고약한 냄새는 똥파리들을 끌어 모았다.

그러나 이러한 환경적 어려움보다 견디기 힘든 것은 교회가 기대만큼 부흥하지 않는 것이었다. 지난번 교회에서 1년 만에 교인 수가 2배로 늘었던 경험 때문에 이곳에서는 열심을 내어 남편을 돕는다면 3년 안에 2배로 성장할 것이라고 확신했었다.

식사를 책임지고, 주일학교, 성가대, 엄마와 아가들의 모임(Mother and toddlers)을 매주 열고, 또 남편과는 함께 아픈 분들 혹은 문제가 있는 가정 등을 방문하는 일로 일주일이 바쁘게 지나가는 생활을 하면서 교회가 2배로 성장하는 날만 손꼽아 기다리고 있었다. 그러나 3년째 되는 해에 교인수가 늘어나기커녕 오히려 줄었다. 50여 명의 교인 가운데 7명이 세상을 떠났기 때문이다. 게다가 세계 경제 위기로 사업을 크게 하시던 장로님 한 분이 파산 신청 후 멀리 이사를 가시게 되면서 교회는 더욱 위축되었다.

이 모든 시련을 통해 내 안에 아직 남아있던 이기심을 발견했다. 교회의 주인인 하나님의 역할을 내가 대신하려고 나선 적도 있었다. 심지어 우리보다 늦게 시작한 근방의 교회가 부흥하는 것을 질투했다. 집에서 가깝다는 이유로 그 교회로 옮겨 간 교인들에게는 분을 품었다.

그러나 하나님께서는 지난 시간들이 결코 헛되지 않으며 얼마나 소중했는지 보여 주셨다. 하나님의 시각으로 바라보니 오히려 감사가 넘쳐났다. 전도프로그램을 통해 믿지 않은 사람들이 예수를 구주로 영접했다. 교회의 일원이 되어 치유 받는 에이즈 환자, 19세에 미혼모가 된 에이미, 알코올 중독으로 가족으로 버림받고 중풍으로 두 다리와 한 팔 외에는 움직이지 못하는 케이티, 80세에 이혼을 하고 홀로 되어 딸네 집에 살면서 예수님을 만나 또 다른 삶을 살게 된 수잔, 아빠가 각각인 세 아이들을 키우는 클레어. 이들 하나하나가 얼마나 소중한지 깨달았다. 지금은 이들 영혼만큼 내 일상의 하루하루가 소중하고 감사하다.

부르심은 이미 시작되었다

_전철한

로고스(1978)와 둘로스(1985-6), 남아프리카 공화국(1987-97),
월드컨선(1997-2000) 등에서 37년간 선교를 했으며,
2001년부터 한국외국인선교회(FAN: Friends of All Nations) 대표로 사역하고 있다.

부르심

나는 5살 때부터 누나의 손에 이끌려 교회에 다니기 시작했다. 그때 이미 부르심은 시작된 것 같다. 섬김이라는 단어조차 무슨 의미인지 알지 못하던 시절, 나름대로 봉사생활을 하면서 주일학교를 거쳐 중고등부까지 성실하게 보냈다. 그런데 한 길로만 흐르던 내 삶의 물줄기가 여러 지류를 만났다. 인생의 방향을 결정해야 할 시기에 이른 것이다.

결국 택한 길은 목회자의 길이었다. 그러나 신학교 입학 초부터 현실적인 어려움에 직면했다. 대학등록금 마련이 쉽지 않았던 것이다. 입학금을 빌려가며 신학교에서 열심히 공부했다. 그러나 신앙에 대해 이런저런 회의가 몰려왔다. 결국 나는 공부를 중단하고, 누나가 살고 있던 전라도의 어느 작은 마을로 내려갔다.

1968년 어느 겨울 밤, 집에 몇몇 사람이 모여 집에서 예배를 드렸다. 우리는 로마서 1장을 읽어 나가면서 성경공부를 했다. 늘 교회에서 지냈음에도 나에겐 납득되지 않는 것이 있었다. 그것은 바로 예수님이 나의 죄 때문에 십자가에서 돌아가셨다는 말씀이었다.

"예수님이 나를 위해 정말 나를 위해 십자가에서 돌아가셨을까?"

사실 어릴 때부터 교회에서 지내다 보니 내가 죄인이라는 인식이 거의 없었다. 설사 내가 죄를 지었다고 하더라도 그것 때문에 예수님이 돌아가실 정도는 아니라고 생각했다. 그런데 그날 밤 로마서를 읽다가 깨달음을 얻게 되었다. 나 자신이 죄인이라는 사실을 보여 주셨다. 또한 로마서의 말씀처럼 그 죄는 내 힘으로 도저히 해결할 수 없다는 것도 알게 되었다.

'나는 얼마나 가증스럽고 교만한 죄인인가?'

그제야 예수님이 내 죄를 위해 십자가 죽음을 당했다는 사실을 인정하고 예수님을 나의 구세주로 영접하게 되었다. 그래서 죄의 껍질을 벗어버리고 복음을 전하는 일에 내 삶을 바치기로 결심했다.

시골에서 1년 반 정도 머물다가 1970년 5월, 육군에 입대했다. 육군 훈련소에서 10주간의 훈련을 마치고 카투사 군종사병으로 파견되었다. 따라서 영어와 자연스레 가까워졌다. 어느 날 군게시판에 광고 하나가 눈길을 끌었다. 미 8군 합창단에서 한국군인 한 명을 뽑는다는 내용이었다. 오디션을 거쳐 합창단원 25명 가운데 유일한 한국인으로 합창 연습을 하게 되었다. 2년 내내 영어로 합창 연습과 공연을 하면서 군 생활을 했다.

이곳저곳 방문하면서 공연도 했다.

어느덧 군 생활이 끝났다. 제대 후 약수동에 있는 미군들을 위한 선교 (American Serviceman's Home) 센터에서 숙식을 하며 신학대학에 복학하게 되었다. 미군 친구들의 도움으로 신학공부를 마치게 되었다. 졸업 축하예배 드릴 때 간증을 할 기회를 주어서 사람들 앞에서 간증과 함께 "아 하나님의 은혜로(I know not why God's wondrous grace)"를 영어로 불렀는데, 이 찬양은 곧 신앙의 고백이며 부르심에 대한 응답이기도 했다.

어느 날, 약수동 센터에서 최기만 선교사님을 만났다. 그분을 통해 외항선교회를 알게 되었다. 외항선교회 사역에 내 영어실력이 필요하다며 선교 사역에 동참을 권유했다. 이렇듯 나를 부르신 하나님의 이끄심은 점차 구체화되고 가속화되고 있었다. 그 당시엔 신학교 졸업 후 대개 교회를 개척하거나 목회를 하는 것이 대부분이었다. 아직 선교에 대한 인식이 그리 깊지 않았던 것이다. 나 역시 앞으로 어떤 길을 택해야 할지 고민하다가 결국 외항선교에 발을 들여 놓게 되었다.

카투사 생활과 또 약수동 센터 봉사 등을 통해 나는 이미 타문화 선교 훈련을 받고 있었던 것이다. 어린 시절, 나를 부르신 하나님이 세계선교를 위해 친히 훈련시키신 것이다.

선교비전이 현실화되다

1974년 7월 4일, 한국외항선교회가 창립되었다. 이듬해 3월에 나도 사역팀에 합류했다. 이때는 외항선교 사역 초창기였다. 따라서 출항한 배에 올라가 전도지와 성경을 배포하거나 선원들의 필요를 돕는 것 외에는 별다른 프로그램이 없었다.

나는 선발대원들이 정부로부터 입항허가를 받는 것, 선상에서의 도서전시 및 판매허가를 받는 것, 일반인들의 승선허가를 받는 사역을 도왔다. 그리고 배 안에서의 제반 프로그램은 물론 각계각층의 사람들을 세미나에 초청하는 프로그램 등을 만들어 각 교회에 공문을 보내는 일을 하면서 로고스를 맞이할 준비를 했다.

로고스가 드디어 인천에 입항했다. 24개국으로부터 온 120여 명의 선교사들은 인천과 서울 각 지역의 교회를 방문하여 자기 나라의 교회 상황과 개인 간증을 했다. 각 지역 교회는 비로소 세계선교에 대한 새로운 눈을 뜨기 시작했다. 그 당시 한국 교회는 "전 국민의 복음화"라는 구호는 외쳤지만 '세계선교'는 아직 생소했다. 우물 안의 개구리처럼 다른 나라의 선교 상황에 대해서도 잘 모르고 있었던 것이다. 그러나 1975년 로고스 승선 선교사들로부터 세계선교 상황을 전해들은 한국 교회는 비로소 세계선교에 대한 부담을 갖기 시작했다. 한 달간의 짧은 방문이었지만 로고스는 한국 교회에 아주 큰 선교적 부담과 충격을 안겨 주었다. 1978

년 8월 로고스가 다시 인천을 방문하게 되었다. 이 때는 부산도 방문했다. 부산에서도 국내 전도 프로그램과 함께 선교 세미나를 열어 세계선교 정보를 제공했다.

우리 가정도 로고스 승선 초청을 받았다. 그러나 승선하려면 여권을 발급받아야 했다. 그때만 해도 여권발급이 수월하지 않았다. 내 여권만 나왔기 때문에 가족들을 한국에 놔둔 채 영국으로 향했다. 영국으로 가서 런던 테임즈 강가에 정박해 있는 둘로스에서 9월 한 달간 열리는 선교 컨퍼런스에 참석했다. 로고스와 둘로스에서 사역하는 선교사들과 3천여 명의 선교지원자들의 보고와 간증을 들을 수 있었다. 여러 선교지에서 온 선교사들과 교제도 하고 선교 오리엔테이션에도 참석했다.

9월 선교 컨퍼런스가 끝나면 모두 각 선교지로 떠나야 했다. 로고스에 새로이 승선하는 60여 명은 20여 일에 걸쳐 유럽 대륙을 여행하게 된다. 그러나 분단국 여권을 가진 나는 헝가리, 불가리아 등 공산권 나라를 통과 할 수 없었다. 그래서 다른 팀원들이 이스탄불에 도착할 때까지 영국에 머물렀다가 나중에 합류했다.

각 나라를 여행하면서 그 나라를 위해 중보기도를 했다. 또 설교 테이프도 듣고, 성경암송도 하면서 경건훈련을 했다. 무엇보다 중요한 것은 팀원들 간의 교제였다. 문화와 언어와 민족은 다르지만 그리스도 안에서의 한 형제자매임을 확인할 수 있는 기회가 되었다.이것이 바로 오엠의 강점이었다.

그때 거쳤던 몇몇 지역의 상황을 회상해 보겠다.

1978년 10월 중순, 이란의 정치, 사회 분위기가 험악했다. 샤 왕권이 몰락하면서 호메이니 회교혁명이 일어났기 때문이다. 아바단에서 60여 명의 신구 멤버만 교체하고 곧바로 바레인으로 향했다.

바레인, 아라비아반도에서 비교적 자유가 많은 지역이었다. 관광객이나 방문객들이 많았다. 하지만 직접적인 프로그램으로 전도나 선교를 할 수 없었다. 다만 커피숍 등에서 대화를 통해 넌지시 자신이 만난 하나님을 전할 수는 있었다. 도서전시를 통해 기독교 서적이나 성경을 구매하는 것은 제한받지 않았다.

아라비아 반도를 거쳐 도착한 파키스탄의 카라치에서 한국을 떠난 후 첫 번째 성탄을 맞게 되었다. 계절이 다르다 보니 성탄절 분위기가 느껴지지 않았다. 이곳에서 사역은 거리에서 쪽복음 봉지를 만들어 판매하는 것이었다. 또 둘씩 짝을 지어 노방전도도 했다. 카라치에서 밤기차를 타고 라호르까지 갔다.

라호르에서는 YMCA 강당을 빌려 기독교와 교육관련 도서를 전시하고 판매했다. 사람들과의 접촉점을 찾고 복음을 전하기 위해서였다. 라호르에서 인도 국경을 넘었다.

인도는 수많은 선교사들이 목숨을 바쳐 선교한 나라이기도 하다. 그러나 카스트제도와 다신을 믿는 힌두교의 벽이 너무 높아서 기독교 인구는 3% 미만이었다. 힌디와 영어 외에 인도인들이 사용하는 공영어만 27

개가 넘는 곳이다. 인도는 이처럼 복잡다단한 나라였다. 단일 언어권에서 자란 나로서는 이처럼 다양한 민족과 다양한 언어로 어떻게 국가를 통치하며 유지하지 이해할 수 없었다.

말레이시아는 이슬람교를 국교로 하며, 무슬림 말레이족이 50% 그리고 나머지 반은 인도인, 중국계가 반반씩 차지하는 곳이었다. 중국인이나 인도인들에게 전도를 해도 되지만 말레이시아인들에게 전도하거나 개종하는 것은 법으로 금지되어 있었다. 그래서 우리는 말레이인들을 제외한 다른 민족들에게만 복음을 전해야 했다.

어쨌든 1년에 걸친 여행을 마치고 나니 선교비전은 현실적으로 바뀌었다. 로고스에서의 가장 큰 배움은 팀선교였다. 세계 20여 개국에서 모인 젊은이들이 작은 오두막에서 지내다 보면 갈등과 어려움이 많았다. 팀생활을 통해 갈등와 어려움을 극복하면서 하나님이 일하시는 방법을 배울 수 있었다.

배운 것을 나누다

귀국 후 다시 한국외국인선교회 인천지부에서 선원들을 대상으로 선교활동을 계속했다. 선교 오리엔테이션을 받기 전에는 무슬림이나 불교신자, 힌두교도들을 향한 전도방식이 대동소이했다. 그러나 짧은 기간이

나마 로고스에서 선교훈련을 받은 이후 외항선원들에 대한 선교전략과 시각이 완전히 바뀌었다. 각 종교의 특성과 각 나라의 문화적 특성을 감안하여 접촉점을 찾게 되었다.

나는 기회가 주어지는 대로 로고스에서의 경험을 간증하면서 한국 교회의 선교의 사명에 대해서 나누었다. 이때만 해도 한국에는 선교라는 말이 생소한 시기였다. 그러나 로고스가 두 번이나 한국을 방문하여 세계선교 상황을 알리면서 한국 교회를 향해 세계선교에 대한 사명감을 일깨웠다. 아마 이때부터 한국 교회가 세계선교에 대한 관심과 열정을 보이기 시작한 것 같다.

1980년 초부터 인천외항선교회에서는 서울신대를 중심으로 외항선교회 동아리를 시작했다. 그래서 주말이면 선원전도 경험을 쌓으면서, 영어를 익히고, 타문화 선교훈련을 할 수 있도록 했다. 그뿐 아니라 방학기간에는 외항선교 자원봉사자들을 위한 영어와 선교훈련 기회가 주어졌다. 목회를 원하는 사람에겐 선교마인드를, 오엠에 참여할 사람들에게 선교훈련을 제공하는 일종의 오리엔테이션이었다.

1985년 2월, 우리 가족은 드디어 한국외항선교회의 파송을 받아 둘로스에 올랐다. 1978년도에도 가족이 초청을 받은 적이 있으나 가족들이 여권을 발급받지 못해 로고스에 승선할 수 없었다. 그러나 이때는 아내 박성옥 선교사와 여덟 살 난 진표, 두 살 난 은표를 데리고 영국 선더랜드에 정박하고 있던 배에 승선했다. 그리고 가족이 함께 선교 오리엔테이션을 받았다. 아내와 아이들이 함께 세계 30여 개국 사람들과 공동생활을 하면서 타문화를 이해하고, 영어를 배우면서 훈련을 받는 것은 매우 의미 있는 일이었다. 그러나 훈련과정이 결코 순탄한 것은 아니었다. 특히 아이들이 아직 어렸기 때문에 낯선 환경에 적응시키는 것이 힘들었다.

그 당시 진표는 둘로스초등학교에서 몇몇 아이들과 함께 개인학습 지도를 받았고, 은표는 둘로스탁아소에 맡겨졌다. 은표 역시 세 살도 채 되지 않은 나이라 엄마를 떨어지는 것이 쉽지 않았다. 탁아소에서 계속 울어대는 바람에 아내가 도중에 데리고 온 적도 종종 있었다. 아내 역시 언어 때문에 스트레스를 많이 받았다. 영어로 대화가 안 되니 사람들 만나는 것을 두려워했고 이따금 눈물까지 흘리며 탄식을 하곤 했다. 그러나 6개월쯤 지났을 때 영어 듣기와 말하기가 가능해졌다. 언어문제가 해결되니 아이들이나 아내나 모두 자기 일을 즐겁게 하게 되었다.

아내 박성옥 선교사 역시 선상에 필수품 가게를 열고 일주일에 몇 시간씩 일했다. 그뿐 아니라 선상 프로그램 중 하나인 "오프닝 리셉션"에서 손님 대접하는 일들을 도왔다. 또한 목회자 사모세미나에 한국 교회의 목회자 사모로서의 간증하는 프로그램에 참여하기도 했다. 나는 전도팀에 합류하여 배가 정박할 때마다 노방전도를 시작했다. 사실 노방전도에 대한 두려움이 많았다. 그러나 하나님께서는 다양한 방법으로 나를 훈련시키셔서 배운 것을 나누게 했다.

지중해의 관문인 지브랄타를 지나 스페인의 라스팔마스와 케이프 베르데섬 그리고 서부 아프리카의 세네갈의 다카항을 시작해서 서부아프리카 10여 개국을 방문했다. 서부아프리카의 상황은 유럽과 여러모로 현저하게 달랐다. 아프리카 지역에서는 하선하여 노방전도를 할 때마다 많은 사람들이 몰려들었다. 물질적 빈곤이 마음까지 가난하게 만들어서인지 복음에 대한 자세가 달랐다. 그래서 아프리카에서의 노방전도는 재미가 있었다.

둘로스 사역 2년 계약 기간이 거의 끝나갈 무렵이었다. 둘로스가 남아공에서 사역하는 동안 남아공 정착선교를 신청했다. 후원교회와 선교본부의 허락을 받아 드디어 남아공 선교를 시작하게 되었다. 그뿐 아니라 남아공 스텔렌보쉬대학원에서 선교학 공부도 했다. 남아공은 학생비자로 선교 사역도 함께 할 수 있는 이상적인 선교지였다.

1987년 1월부터 한국외항선교회 케이프타운 지부 사역이 시작되었다. 남아공에서의 첫 2년간의 주업무는 한국의 외항선원들에게 복음을 전하는 것이었다. 한국에 있을 때에는 외항선교의 대상이 국제선원들이었지만 이곳에서는 상황이 바뀐 셈이다. 남아공 케이프타운에 정박하는 한국 외항선원들이야말로 복음이 절박했다. 이들 대다수가 원양어업에 종업하는 어부들이었다. 또 남아공의 과일을 수출하는 배에서 일하는 선원들도 있었다. 이들은 주로 케이프타운에 들려 선박에 필요한 물품들을 공급받고, 선박을 수리를 했다. 이들 한국선원들이 케이프타운항에서 쇼핑이나 관광하는 것, 병원가는 것을 도왔고, 국제전화를 거는 것도 안내해 주었다. 즉 이들의 필요를 채워 주면서 복음 전하는 일을 한 것이다.

한국선원들이 시내를 다니다가 노상강도를 만나 물품들을 빼앗기고 총에 맞아 죽은 경우도 더러 있었다. 그래서 배에 있는 선원들을 차에 태워 선교센터로 데리고 와서 한국음식을 대접하기도 하고, 기독교 영화를 보여 주며 전도를 하기도 했다. 그러나 88올림픽 이후 한국선원들의 인건비가 높아져서 송출 선원들의 수가 급격히 줄었다. 그러다보니 사역대상도 외항선원에서 현지인으로 바뀌게 되었다.

남아공 케이프타운에는 300년 전 네덜란드인들이 정착하면서 말레이인들을 죄수나 노동자로 이주시켰고, 이들의 인력으로 집을 짓거나 길을 만드는 일을 해 왔다. 이들은 "케이프 말레이"라고 불리었는데, 별도의 거주지에 살고 있었다. 대다수가 이슬람교를 믿고 있었고, 이들을 기독교로 개종시키는 것은 법으로 금지되어 있었다. 따라서 이들의 이슬람교 신앙은 뜨거웠고, 자기네들만의 문화도 고수하고 있었다. 기독교권의 서양인의 왜곡된 시각 때문에 인종차별과 더불어 적대감정이 매우 심한 상태였다.

이러한 상황 속에 L선교단체는 남아공 무슬림들에게 복음사역을 시작했다. 무슬림 전도에 대한 부담감을 가지고 있던지라 독일, 스위스 등지에 온 선교사들에게서 무슬림 선교훈련을 받고 협력선교를 했다. 생활 속에서 무슬림과 접촉하는 현지 크리스천들이 무슬림들을 이해하고 이들에게 복음과 사랑을 전하도록 지원하는 일이 절실히 필요하기 때문이다.

케이프타운 외곽지역 구굴레토와 필리피, 하라레 흑인슬럼 지역에는 백만 명이 넘는 인구가 살고 있었다. 이들을 대상으로 한 어린이 사역이 시작되었다. 그때는 아파르트헤이트^(격리라는 뜻으로 모든 분야에서 백인과 흑인을 철저히 분리하는 인종분리정책 전에 시행되었던 인종차별정책)법이 시행되고 있었다. 그러나 동양인은 백인과 흑인의 중간역할을 하기에 적합했기에 양쪽 진영 가운데 자리 잡고 흑인 목사들과 백인 목사들이 함께할 장을 마련하는 역할을 했다.

그 결과 백인교회가 흑인지역의 교회를 섬길 수 있는 길이 열리게 되었다. 한 예로 와인벅장로교회 부목사로 섬기던 알렉스 해로우 씨는 목사가 되기 전 건축에 관련된 일을 해 왔는데, 우리 지부가 어린이 사역을 위해 탁아소를 지을 때, 그는 자신의 기술로 설계하는 일을 도와주었다. 이러한 일들은 교회의 자원들이 흑인지역에 동원되어 사역을 할 수 있는 통로 역할을 하게 되었다. 흑인지역에 살고 있는 어린이들을 위해 세워진 탁아소는 주일에는 부모와 어린이들이 함께 예배드릴 수 있는 예배당으로 사용되었다.

교회를 개척하면서 코사족의 문화를 배우게 되었다. 흑인지역에 있는 "시온교회"의 신앙은 기독교와 아프리카 토속 신앙과의 혼합된 종교였다. 남아공의 아파르트헤이트가 강화되는 동안 흑인 독립교회가 많이 생겼다. 그러나 제대로 신학을 공부한 목회자가 드물었기 때문에 기독교 형태는 띠고 있지만 토속적인 종교와 혼합된 종교를 낳게 된 것이다. 따라서 복음을 제대로 전하는 것이 급선무였다. 이미 굳어진 습관과 풍습, 전통 위에 새로운 교회를 세우는 것은 쉽지 않았다. 그러나 결코 미루거나 건너뛸 수 없는 사역이었다.

월드컨선 선교의 북한사역

1997년, 10년간의 남아공 사역을 마무리 할 즈음, 미국 시애틀에 있는 "월드컨선(World Concern)"의 초청을 받았다. 북한사역을 위해 우리 가정이 부르심을 받은 것이다. 북한의 수백만의 어린이들이 기아상태에 있음이 알려지면서 월드컨선 선교회에서는 미국 사회의 지원과 미주 한인사회 그리고 이민교회들의 힘을 모아 북한 어린이들에게 식품과 약품들을 보내는 구제사역을 시작했다. 필요한 자원 대부분을 미국인이 부담했으나 한인교회의 참여를 촉구하기 위해 한국인인 우리 가족을 초청한 것이다.

사실 내겐 모금의 은사가 없다고 생각했다. 선교현장에서 사역만 했지 모금을 한 적이 없었기에 북한 어린이들을 위한 모금을 한다는 것은 큰 부담이었다. 그러나 그것에 부르심을 받았으니 순종할 수밖에 없었다. 먼저 북한의 사정을 한인사회에 알리는 일부터 시작했다. 한인들이 많이 보는 일간지에 기사를 실어서 북한의 시급한 상황을 알리고, 모금 운동을 시작했다. 그리고 전 미주 지역에 흩어져 있는 한인교회를 찾아가 목사님들을 만나 북한 어린이들의 사정을 알리고 교인들로부터 모금을 했다. 월드컨선이 위치한 서북미 지역의 교회 공동체를 동원하여 모금 공연도 했다. 이렇듯 애는 썼지만 미국인들이 마련한 수백만 달러 상당의 영양식품과 의약품들에 비하면 미미할 뿐이었다. 어쨌든 모아진 물품들을 컨테이너로 북한에 보냈다. 그러나 이 물품들이 제대로 사용되었는지를 확인하기 위해 북한을 방문하는 일이 난관에 봉착하면서 구제품을 보내는 사역도 중단되었다.

2년 반에 걸친 이 사역을 하면서 NGO 사역과 선교가 협력하면 얼마나 큰 효과가 있는지 알게 되었다. 그리고 모금의 목적이 선하고 하나님의 뜻과 일치하면 결코 어려운 일이 아니라고 확신하게 되었다.

미국에서 월드컨선의 북한사역을 접으면서 다시 선교지로 돌아가야겠다는 생각이 들었다. 마침 우간다 훈련센터에서 프로그램 개발을 도와달라는 요청이 있었다. 요청에 응할 준비를 하면서 하나님께서 허락하시면 우간다로 가야겠다고 생각했다. 그러나 외항선교 본부에서는 본국으로 귀국하기를 요청했고, 2000년 9월에 영주 귀국을 하게 되었다.

국내 이주민 사역, 해외선교의 또 다른 장

영주 귀국 후 외항선교회의 사무총장직을 맡아 다시 인천에서 사역하게 되었다. 외항선교회는 그 역사도 길고 잘 정비된 선교단체임이 분명하다. 그러나 오랜 시간 해외에서 사역해 온 나로서는 여러 가지 생각이 스쳐갔다. 기도하면서 이런저런 제안도 해 보았으나 선뜻 받아들여지지 않았다. 그때 주님은 내게 외국인 근로자 사역의 비전을 주셨다.

만 15년 만에 귀국했을 때 한국에서 크게 달라진 것이 하나 있다면 어디를 가든 외국인 근로자들이 눈에 뜨인다는 사실이었다. 한국을 떠나기 전에는 항만 주위에서나 볼 수 있는 외국인들을 이젠 중소기업 현장에서 쉽게 만날 수 있었다. 오랜 선교 사역을 마치고 돌아온 나에게 있어서 외국인들을 주위에서 쉽게 만날 수 있다는 것은 좋은 선교의 기회를 맞이한 것으로 생각하게 되었다. 게다가 이들은 최소한 3-5년 정도 우리의 이웃으로 한국에 거주하기 때문에 새로운 전도의 밭이었다. 그동안 한국 교회는 많은 자원을 들여 해외로 선교사를 파송하는 일을 해 왔으나 이제 이미 들어와 있는 외국인들을 대상으로 복음을 전하는 것 역시 시대의 흐름에 부응하는 새로운 선교임이 분명했다.

이들을 접촉하여 그리스도의 사랑과 복음을 전할 수 있는 문이 활짝 열려있다. 외국에 나가서 복음전파의 접촉점을 찾으려면 학교나 병원 같은 시설을 만들어야 한다. 그러나 한국에서는 나그네와 같은 외국인들이 많이 있다. 이미 우리의 이웃에 살고 있는 이들의 필요가 무엇인지 알아내어 다가가면 되는 것이다. 이들은 이미 복음을 들을 준비가 되어 있는 사람들이다. 그들의 필요는 무엇일까? 가장 필요한 것은 한국어와 한국 문화를 배우는 것이다. 이제 우리는 한 손에 복음을 들고 또 한 손엔 사랑을 들고 다가가서 그들의 필요를 채워 줘야 할 것이다. 그뿐 아니라 이들의 아픔과 어려움을 함께 나누고 문제해결을 도와주면 자연스레 신뢰가 형성되고, 삶 속에서 그리스도를 드러낼 수 있을 것이다.

이렇게 외국인 사역을 결심하고, 그 사역지를 물색하고 있을 때의 일이다. 인천 "제삼교회"의 서재준 장로님이 그 교회의 안수집사 한 분을 소개해 주셨다. 그분은 영광코팅회사를 경영하고 있는 원덕규 사장이었다. 그분 회사에는 5명의 방글라데시아인이 일하고 있었는데, 이들에게 복음을 전하고 싶은 마음이 있으나 이미 무슬림인 것과 의사소통이 되지 않는 것 때문에 안타까워 하고 있는 상황이었다.

회사 한 귀퉁이 땅에 컨테이너 미션센터를 세웠다. 남아공에서 어린이 탁아소를 만들던 경험이 토대가 되었다. 드디어 인천 남동공단의 외국인 근로자 9천여 명을 중심으로 사역을 시작하게 되었다. 그리고 26년 동안 몸담아 있던 외항선교회에 알렸다. 2001년 7월 1일 인천 남동공단에 사역지를 정하고 "한국외국인선교회(Friends of All Nations)"라는 이름으로 힘찬 발걸음을 내디뎠다.

처음 6개월 동안 열심히 전도했다. 그 결과 그 해 연말에 성탄예배에

40-50여 명의 다국적 사람들이 모여 영어모임을 시작하게 되었다. 2002년 4월경에는 컨테이너를 한 층 더 올려 영어를 사용하는 외국인들과 방글라데시 모임을 따로 만들었다. 그러나 몇 개월이 지나자 위층 컨테이너센터도 비좁아졌다. 주일예배에 참석하는 인도사람들만 해도 150여 명이 넘었다.

공간이 확보되고 어느 정도 체계가 잡히자 식사 자원봉사, 찬양 자원봉사, 의료 자원봉사 등이 이어졌다. 특히 의료봉사팀은 자선클리닉을 운영하면서 몸이 아픈 외국인근로자들에게 무료진료를 해줌으로써 그리스도의 사랑을 전했다.

150만 국내 외국인을 선교사로

국내 이주민 사역은 같은 장소에서 많은 사람들을 대상으로 하기에는 힘들다는 사실을 깨달았다. 따라서 사역 공간과 인적, 물질적 자원을 감안할 때 한 개의 선교센터가 감당할 수 있는 외국인 근로자들은 50-100명 정도로 추산된다. 그리고 컨테이너 미션센터 설립비용은 지역 당 1천만 원 정도이다. 각 일터에 컨테이너 미션센터가 있다면 접근하기가 훨씬 쉬워질 것이다.

안산, 인천서구, 파주지역 등에서는 선교체험이 있는 분과 외국인 근로자 사역을 하시는 분들이 서로 합심하여 지부를 하나둘 세우기 시작했다. 그 결과 국내 이주민 사역은 12년에 걸쳐 꾸준히 성장했다. 현재 전국 35개 지역에 지부가 세워져 외국인근로자, 다문화가정, 유학생 사역을 활발히 펼치고 있다.

현재는 전국에 150여만 명의 외국인들이 한국에 거주하며 일하거나 공부를 하고 있다. 작년 말 희망연대의 연구 보고에 따르면 전국에 외국인근로자, 다문화가정, 유학생 사역을 하는 교회나 선교단체가 300여 개라고 한다. 그렇다면 한 단체가 외국인 100명에게 전도한다고 해도 3만여 명밖에는 할 수가 없다는 결론이다. 그렇다면 150만의 외국인 중에 겨우 3만 명에서 많게는 10만 명에게 전도를 해도 나머지 140만 명에게는 복음이 전해지지 못하는 현실이다. 그래서 한국 교회 5만 교회 중에 1만 교회가 100명씩 전도한다고 하면 100만 명에게 복음이 전해지지 않을까? 이런 바람을 가지고 몇 년 전부터 기회가 닿을 때마다 이 이야기를 하고 있다. 물론 아직은 충분한 공감대를 이끌어 내지 못하고 있다. 그러나 충분히 기대할 만하다. 앞서 말한 300여 개 단체와 교회가 주변 교회와 지도자들을 설득한다면 전국적으로 시너지 효과가 나타날 것이다.

외국인들의 필요 중 가장 절실한 것은 의사소통과 한국문화에 적응하는 것이다. 그리고 문화적응하기까지 시간이 걸리고 일하는 현장에서 다루는 기계에 대해서도 충분히 인지하지 못해서 안전사고가 많이 발생한다. 이들에게 한국어와 문화를 가르치는 장을 마련해 준다면 그것이 곧 그리스도의 사랑을 나누고 복음을 전파하는 일이 아닐까? 언어문제와 맞물려 관계에서 오는 갈등과 문제도 심각하다. 동료들은 물론 직장상사들과의 문제, 임금체불 문제 등이 있다. 이러한 문제를 서로 잘 해결할 수 있도록 돕는 손길이 필요하다.

한국 교회의 크리스천들이 국내 외국인 사역의 중요성과 긴급성에 대하여 선교적 의식이 부족하다. 선교사라고 하면 대다수가 해외파송 선교사를 떠올리기 때문이다. 인식에서 뿐만 아니라 실질적 후원에 있어서도 국내선교와 해외선교 사이의 균형과 소통이 필요하다. 예를 들어, 오랫동안 해외선교지에서 사역을 하다가 일단 귀국하면 선교후원이 끊어진다. 국내에서 실상 귀국한 후에 외국인 근로자, 유학생, 다문화가정사역 등 그 활동분야가 무궁무진한데도 후원이 이어지지 않아서 사역을 접는 경우가 있다. 국내에서 외국인 사역을 하는 사람들도 선교사로 인정하고 후원해야 한다.

한 예로 몇 년 전부터인가 한국 교회 안에서 "시니어 선교운동"이 일어나고 있다. 교회 안에는 많은 훈련된 평신도 일꾼들이 있다. 40-80세 사이의 다양한 연령의 은퇴자들이 생기고 있다. 자녀교육도 다하고 제2의 인생을 값지게 살려고 하는 이들이 늘어나고 있다. 이들에게 선교의식과 함께 선교사명을 깨우쳐 주면 이보다 더 좋은 선교자원이 어디 있겠는가? 이러한 한국 교회 선교의 잠재적 일꾼들을 일으켜 국내 이주민 선교와 더불어 해외선교에도 참여할 수 있는 길을 안내하는 것이다. 시니어 선교사들이 개 교회의 국내 외국인 선교에 참여한다면 1만여 교회가 선교에 동참하는 일은 더 쉽게 이루어질 수 있다고 생각한다.

그리고 외국인 사역을 하고 싶어도 그 방법을 몰라 수수방관하고 있는 교회. 기업, 단체들이 있다. 이들에게 구체적 정보와 사례를 소개하고, 행동으로 옮길 수 있는 설명서가 필요하다. 현재로서는 이와 같은 설명서가 없기 때문에 사역을 시작해도 즉흥적이거나 일시적인 이벤트로 끝나버리고 만다.

그리고 외국인 사역을 위한 선교도구가 절실하다. 국내 외국인 근로자와 유학생 대다수가 동서남아시아 출신이며, 아프리카와 중남미 출신도 섞여 있다. 그런데 이들에게 전도할 수 있는 전도지, 성경 제자훈련 프로그램들이 거의 없다. 특히 무슬림을 위한 전도지는 찾아보기 힘들다. 이를 위해 미국 선교단체인 OMS의 ECC와 FAN이 협력하여 T&M(Train&Multiply: 교회증식) 훈련 프로그램을 한국어로 번역하여 국내 사역자들에게 보급하고 있다. 이 프로그램은 34개국어로 번역이 되었고, 외국인들이 공장 또는 기숙사에서 전도하고, 제자훈련을 하고, 소그룹 모임을 인도하면서 교회개척 실습을 코칭을 통해 훈련하는 프로그램이다.

이미 이 프로그램을 통하여 유럽과 아시아 그리고 중남미에서는 활발히 교회증식이 이루어지고 있다고 한다. 선교현지에서 개발된 프로그램으로 국내 이주민 사역을 하는 사역자들에게 좋은 소식이라 생각한다. 한국 외국인 선교회에서는 미국 OMS의 ECC와 협약을 맺어 국내 이주민 사역자들에게 T&M을 훈련, 보급하고 나아가 25,000명 한인선교사들에게도 훈련 보급하여 수많은 작은 교회가 증식되기를 기대하고 있다.

앞서 언급한 여러 가지 장애물이 제거되고 외국인 사역이 한국 교회에서 새롭게 선교지로 인식될 때에 국내 이주민들은 한국 교회의 선교에 대한 덤으로 한국 교회 부흥에도 한 몫을 할 것이며 나아가 이들을 통하여 세계선교는 한 걸음 더 앞당겨질 것이라고 확신한다.

네가 믿느냐?

_박시온

영국오엠, 이스라엘오엠 그리고 한국오엠에서 사역했으며,
현재는 태국에서 유대인 사역과 태국 교회 개척사역을 하고 있다.

믿는가?

1979년 10월 26일 이후, 군부대엔 전에 없던 긴장감이 감돌았다. 최종 인간병기로써 실전배치의 명령이 떨어지자 모두들 긴장했다. 부모님에게 보낼 마지막 편지를 쓰고, 자신의 손톱을 깎아 흰 봉투에 담을 때엔 아무 생각도 할 수 없었다. 부대원 모두가 경직된 상태에서 침묵하고 있었다. 그 긴박한 순간 내 자신에게 물었다.

"만약, 오늘 죽는다면?"

이어 기도가 절로 나왔다.

"이 위기만 넘기게 해 주시면 제가 부활의 주님을 제대로 믿겠습니다."

고등학교 시절에 암송했던 성경구절이 생생하게 떠올랐다. 마치 주가 내게 말씀하시는 듯 했다.

예수께서 이르시되 나는 부활이요 생명이니 나를 믿는 자는 죽어도 살겠고 무릇 살아서 나를 믿는 자는 영원히 죽지 아니하리니 이것을 네가 믿느냐(요 11:25-26).

나는 "예"라고 대답했다. 그날 이후 내 안에 부활신앙이 씨앗이 심겨졌고 그 씨앗은 싹을 내고 점점 자라고 있었다. 하지만 전역 후, 대학을 졸업하고 직장생활을 하면서 하나님의 부르심에 대해 잊었다.

사실 유치부 때부터 습관적으로 교회에 다녔던 나는 물과 성령으로 중생한다는 말이 신선한 충격이었다. 동네 형이 부활절 예배에 나를 초청해서 교회에 다니게 되었다. 그 이후 웬일인지 교회가 그렇게 편할 수가 없었다. 심지어 유치부 예배가 끝났는데도 집에 가기 싫어서 대예배를 기웃거리기도 했다. 그리고 이해가 되던 안 되든 설교를 듣는 것을 좋아했다. 여름성경학교도 습관적으로 열심히 다녔다. 그렇게 교회생활을 하는 것으로 내가 제대로 된 크리스천이라고 생각했다. 그런데 십대선교회(Youth For Christ)를 통해 요한복음 3장의 니고데모의 이야기를 들은 후 깜짝 놀랐다. "물과 성령으로 거듭나지 않으면 하나님에게 들어갈 수 없다"는 그 말씀은 청천벽력과 같았다. 선한 크리스천인줄 알았던 내 자신이 실상은 종교적인 사람이었다는 것, 아직 하나님을 인격적으로 만나지 못했다는 것을 깨달았기 때문이다. 그제야 내 죄를 회개하고 예수님을 나의 구주, 나의 하나님으로 영접했다.

예수님을 인격적으로 만나는 중생의 체험을 한 후, 십대선교회에서 실시한 학교대항 성경퀴즈를 즐기기 시작했다. 그때 읽고 암송했던 요한복음과 로마서는 내 평생에 가장 중요한 영향력을 미치는 성경이 되었다.

십대를 지나, 일반 직장생활을 평범하게 하던, 어느 해 겨울 감기를 앓았는데 기침이 심해지더니 멈추지를 않았다. 검사결과 폐결핵이었다. 급기야 비닐봉투에 피를 받아낼 지경이 되었다. 그러나 증상은 좀처럼 나아지지 않았다. 그제야 주의 부르심이 생각났다. 주께서는 고등학교 2학년 때 십대선교회를 마태복음 9장 37-38절 말씀을 통해 이미 나를 부르셨다.

이에 제자들에게 이르시되 추수할 것은 많되 일꾼이 적으니 그러므로 추수하는 주인에게 청하여 추수할 일꾼들을 보내 주소서 하라 하시니라.

그때 나는 주께서 일꾼으로 부르셨다는 확신을 가졌다. 다시금 내 영적 기억상실증을 회개하며 주 앞에 엎드렸다 그리고 오엠 훈련을 받기 시작했다. 그러나 신앙이 없던 어머니의 반대로 인해 선교훈련을 받는 것이 쉽지 않았다. 그래도 부르심에 순종하기 위해 부천의 한 기도원에 찾아가 거의 매일 철야예배와 산상기도를 했다. 드디어 어머니 허락도 받고, 필요한 물질도 후원받아 선교지로 출발할 수 있었다.

당시 나는 많이 말랐던 것 같다. 그때의 사진을 꺼내보면 이게 나인가 싶을 정도로 피골이 상접한 모습이었다. 그 무렵 지금의 아내를 만났다.

아내는 그 당시 내 모습이 너무도 측은하고 안쓰러워보였다고 했다. 애가 두셋은 딸린 아저씨처럼 보였다는 말도 했다. 아마 이러한 나를 감싸주고 싶었던 모양이다.

그때 나를 후원해 주었던 기도원의 전도사님은 선교를 위해 기도하기 시작하면서 날로 지경이 넓어지더니 지금은 수십 명의 선교사를 전 세계로 파송하는 선교회 책임자가 되셨다. 또 선교지향적인 교회와 사랑과 기도로 선교사를 후원하는 성도들이 어떻게 축복을 받는지 직접 확인할 수 있었다.

보라 내가 내 말을 네 입에 두었노라

88올림픽 이전만 해도 평신도선교사라는 단어는 낯설었다. 당시 외무부에서는 해외여행을 하는 사람들과 개인 면담을 했는데, 여권발급 창구 공무원이 평신도선교사라는 단어가 이해가 되지 않는다고 했다. 산업혁명 이후로 인도 혹은 파키스탄에서 영국으로 이주해 사는 이들을 대상으로 선교를 시작했다.

당시 영국오엠은 함께 저녁식사를 한 후 저녁 내내 기도하는 프로그램이 있었다. 한국 교회의 철야기도회와 유사한 모습이라고 생각하면 된다. 다만 기도 유형이 좀 달랐다. 서양친구들은 전체기도보다는 서너 명씩 짝을 지어 구체적이고 인격적인 기도를 선호했다. 그런데 내 입장에서는 영어로 기도를 소그룹 안에서 상대방이 알아듣게 해야 한다는 것이 부담이었다. 얼마나 스트레스를 받았던지 하나님께 떼를 썼다.

"주님, 저는 기도를 못한다는 것이 너무 답답합니다. 지금 당장 언어가 터지게 해 주시던지 아니면, 집으로 돌려보내 주세요."

주께서 청년 예레미야에게 하셨던 말씀으로 나를 위로해 주셨다.

> 여호와께서 내게 이르시되 너는 아이라 말하지 말고 내가 너를 누구에게 보내든지 너는 가며 내가 네게 무엇을 명령하든지 너는 말할지니라 너는 그들 때문에 두려워하지 말라 내가 너와 함께 하여 너를 구원하리라 나 여호와의 말이니라 하시고 여호와께서 그의 손을 내밀어 내 입에 대시며 여호와께서 내게 이르시되 보라 내가 내 말을 네 입에 두었노라 보라 내가 오늘 너를 여러 나라와 여러 왕국 위에 세워 네가 그것들을 뽑고 파괴하며 파멸하고 넘어뜨리며 건설하고 심게 하였느니라 하시니라(렘 1:7-10).

그 말씀을 묵상한 이후에 영국에 사는 아시아인들에게 말하는 것을 두려워하지 않고 전도했다. 남아프리가 영어권에서 온 게븐 바인더라는 친구조차도 내가 스스럼없이 힌두교인과 무슬림들과 대화하는 것을 보고 오히려 놀라워했을 정도였다. 그 이후에 이스라엘에서 히브리어를 배울 때도, 태국에서 태국어를 배울 때도 두려워하지 않고 꾸준히 언어습득에 도전하게 되었고, 그것은 지금도 계속되고 있다.

전도보다 힘든 공동체 생활

영국은 선교초년생에게 좋은 훈련장이다. 옛 영제국의 식민지에서 온 다양한 외국인 근로자들이 수백만 명이나 살고 있기 때문이다. 런던과 글라스고우의 영국유대인은 물론 파키스탄 무슬림과 인도에서 온 힌두교인 심지어는 시크교도들까지 있었다. 영국의 여름은 저녁 10시까지 백야현상이 있어서, 오후에 전도를 두 번이나 나갈 수 있었다.

그런데 전도보다 더 힘든 것이 공동체 생활이었다. 가부장적인 배경에서 자란 나는 공동체 생활에 익숙하지 않았다. 한 초등학교 교사 출신의 팀원이 내 단점을 지적했고, 그것으로 인해 갈등이 생겨 성탄절 휴가에 금식기도를 시작했다. 금식할 특별한 공간이 없어서 큰 합판을 구해 남자방을 반으로 나누었다. 당시 영국 기독교인들에게는 물만 마시는 금식기도가 흔치 않았기 때문에 내가 금식기도를 하자 약간의 충격을 받은 듯했다. 금식 이후, 문제의 팀원과의 관계가 원만히 해결이 되었다. 그 일로 인해 선교지에서는 인간관계가 얼마나 중요한지 깨닫게 되었다.

나중에 안 사실이지만, 영국 수돗물엔 석회 성분이 많기 때문에 물만 마시는 금식이 영국인들에겐 쉽지 않다고 했다. 특히 영국인들은 대부분은 고기를 선호는 사람들이어서 대장이 굵고 짧기 때문에 물만 마시는 금식은 가급적 피한다고 했다. 그래서 영국인을 포함한 서양 오엠 선교사들은 금식 중에서도 국수 같은 스파게티가 들어간 스프를 먹든가 아니면 우유가 들어간 홍차를 마시면서 금식을 했다.

오엠선교 팀원들은 정해진 순서에 따라 음식을 해야 했다. 대다수가 싱글인데다가 오늘날처럼 인터넷 검색이라는 것이 없었기에 조리법 구하기가 쉽지 않았다. 단지 한국에서 먹어 본 음식을 기억을 되살려 만드는 수밖에 없었다. 한번은 고춧가루가 들어간 매운 음식을 만들어서 서양친구들을 힘들게 한 적이 있다. 억지로 참고 먹다가 위장병까지 걸린 사람도 있었다.

문화적 차이에서 빚어진 에피소드를 소개하겠다. 한국에서는 꼬리곰탕은 귀한 음식이지만 영국에서는 애완동물에게나 주는 음식이었다.—내가 자주 소꼬리를 사가니까 정육점 주인도 의아해 했다.—내가 식사당번일 때, 이 소꼬리를 오랜 시간 고아서 꼬리곰탕을 만들었다. 돌을 먹어도 다 소화시킬 것 같은 소화력을 가진 오엠 선교사들은 일단 맛있게 먹었다. 그런데 먹고 난 후 이 음식의 재료에 대해 물었다. 자기들이 방금 맛있게 먹은 음식이 소꼬리라는 것을 알게 된 팀원들은 소스라치게 놀랐다. 갑자기 그들의 눈총이 따가워졌다. 그때 지혜로운 한 자매가 곤경에 처한 나를 도와주었다.

"영국인들도 2차 대전 직후엔 먹을 것이 없어서 소꼬리를 진하게 우려 먹었대요. 그러니까 이건 추억의 음식인 셈이지요."

그러나 인도카레 재료의 하나인 탄두리 가루와 한국 고춧가루로 만든 얼큰한 닭볶음탕은 그들도 좋아했다. 소꼬리곰탕으로 우거지상을 하던 그들이 인도카레와 닭볶음탕 요리엔 표정이 밝아졌다. 맛있게 먹던 팀원들의 얼굴이 지금도 눈에 선하다. 미국친구들의 주 메뉴는 햄버거였고, 영국친구들은 냉동식품을 애용했기에 조리시간이 빨랐다. 특히 독일친구들이 후식으로 만든 케이크는 별미였다. 국적만큼 다양한 메뉴와 문화를 접할 수 있었던 좋은 경험이었다.

막힌 담을 허물다

홀란드 드브론 컨퍼런에서 내가 택한 선교지는 이스라엘이었다. 이스라엘을 선택할 수 있어서 기뻤다. 평소에 기도했던 나라이기 때문이다.

1990년 여름, 이스라엘 갈멜산 언덕에 있는 마을에 기거하게 되었다. 그런데 내 룸메이트는 일본에서 온 요시 형제였다. 요시는 미국 무디신학교 학생이었는데 학교에서 진행하는 여름단기선교의 일환으로 이스라엘 오엠에 동참했다. 그때만 해도 내가 속좁은 국수주의 기독교인이었던지 일본인 친구가 불편했다. 어느 날 밤, 요시 형제를 불러 이야기를 시도했다.

"요시 형제, 한국이 일본에게 당했던 고통의 역사에 대해 혹시 알고 있습니까?"

요시 형제는 그런 사실을 모를뿐더러 학교에서 배운 적도 없다고 했다. 슬그머니 부아가 치밀었다.

"그렇다면 세 가지 굵직한 사실만 말하지요. 수원 제암리교회에 교인들을 가둔 채 불태워 버린 일이 있습니다. 관동대지진 때에는 무고한 재일동포들을 수천 명씩이나 학살했지요. 그뿐이 아닙니다. 수십만의 조선 여인들을 전쟁터에서 성노예로 부렸지요."

그러한 사실을 이제야 알았다며 요시 형제는 조상들을 대신해서 용서를 구했다. 나 역시 그리스도 안에서 그 형제를 용납하고 품었다. 그 순간 두 민족 간에 막혔던 담을 주님이 허무시는 체험을 했다. 그 후 나는 요시 형제와 함께 하이파 시내의 유대인들을 가가호호를 방문하면서 축호전도를 했다. 일단 한국인과 일본인이 한 팀이 되어 복음을 전한다는 것 자체가 갈멜산 하이파 시에서 화제였다. 유대인이나 팔레스타인인들은 신기하다는 듯 우리를 바라보았다. 이스라엘과 팔레스타인 못지않게 한국과 일본의 껄끄러운 관계를 가지고 있다는 것을 다른 나라 사람들도 알고 있었다는 사실이 내겐 새로운 충격이었다.

하이파 시를 벗어나 브엘세바 남쪽 사막도시 아라드에서 전도를 한 적이 있었다. 이곳에서는 청소년 음악축제가 한창이었다. 음악을 좋아하는 유대 청소년들이 전국에서 수만 명씩 몰려왔다. 지중해성 건기라 비도 내리지 않아 야외축제를 하기에는 적격이었다. 시 외곽에 텐트를 치고 전도 베이스캠프로 삼았다. 아침 경건의 시간을 마치면 둘씩 짝을 지어 이스라엘 청소년들에게 복음을 전했다.

어느 날인가 요시 형제가 예정시간보다 3시간이나 늦게 베이스캠프로 돌아왔다. 그날 요시는 아직 18세가 되지 않은 이스라엘 청소년에게 전도지와 전도책자를 주었다고 했다. 이스라엘 선교반대법에는 18세 이하의 청소년에게 복음을 증거 하는 사람은 추방한다고 명시되어 있다. 전도시 주의사항을 이미 오리엔테이션 때 누차 강조했던 사실이었다. 그러나 요시 형제에게서 복음을 전해들은 그 청소년이 반응이 너무 간절해 보였다고 했다. 시몬(가명)이라는 그 청년은 눈물까지 흘리며 이렇게 말했다고 한다.

"저는 메시아가 누구인지 알기 위해 지난 3년 동안 수많은 랍비를 찾았습니다. 책도 무수히 읽었지요. 이제 그 답을 알 수 있는 기회가 왔는데 놓칠 수가 없지요. 사실 제가 18살이 되려면 6개월이 남았지만 서로 비밀을 지키면 되지 않겠어요?"

그래서 요시 형제는 추방을 각오하고 그의 말을 따르기로 했다. 성경을 통하여 예수님이 메시아라는 사실을 간증하다보니 두세 시간이 후딱 가 버렸던 것이다.

요시의 말을 들은 팀원들은 기쁨의 환성을 질렀다. 다음 날 그 시몬이라는 그 청년은 우리 베이스캠프를 직접 찾아왔다. 정작 유대인인 자기는 그렇게 믿기 힘든 메시아를 이방인인 우리는 어떻게 그렇게 잘 믿을 수가 있느냐며 오히려 부러워했다.

예수, 그 이름이 곧 능력

이스라엘의 최고 휴양지로 꼽히는 에일랏에서의 일이다. 에일랏은 이스라엘 남부, 홍해바다와 이어진다. 아시아에서 들어오는 물품을 하역하는 주요 수출입 항구이기도 하다. 겨울에도 날씨가 따뜻해서 한 낮에 몇 시간 정도는 수영이 가능한 곳이다. 이곳엔 크리스천이 운영하는 게스트하우스도 있는데, 머무는 유대청년들에게 복음도 전하고, 교회로도 활용되고 있었다. 에일랏에서는 유일한 기독교 교회인 셈이었다.

나는 비자 연장을 위해 게스트하우스에서 머물고 있었다. 어느 날 밤 한 유대인 소녀가 친구들의 도움을 받아 들것에 실린 채 그곳을 찾아 왔다. 그들은 일월성신을 숭배하는 자들이었다. 한밤중에 별을 향해 종교의식을 행하던 중 이상한 힘이 별로부터 내려오더니 그 소녀의 몸을 옴짝달싹 못하게 했다는 것이다. 온갖 주문을 동원하여 굳은 몸을 풀어보려 했으나 아무런 효과가 없었다. 백방으로 알아보다가 결국 메시아닉교회를 찾아 온 것이다. 그들은 비록 일월성신교를 믿는 유대인 청년들이었지만 혹시나 교회에 가면 소녀를 고칠지도 모른다는 기대를 했다고 한다. 교회 지체들이 나사렛 예수의 이름으로 기도를 하자 몸이 굳었던 몸이 풀렸다. 그녀는 일단 쉬고 난 뒤 다음날 아침 경건의 시간에 동참했다.

교회 목회자는 경건의 시간 내내 예수님에 대해 이야기했으나 소녀는 복음을 받아들이지 않았다. 그러자 내게 예수님에 대한 간증을 부탁했다. 한국 역시 우상을 섬기던 나라니 혹시라도 그녀가 공감할 간증이 있지 않을까 생각한 듯하다.

나는 스바냐 3장 17절을 읽고 그 구절을 가사로 한 찬양을 들려주었다. 그 성경구절과 관련된 찬양을 들려주었다.

> 너의 하나님 여호와가 너의 가운데에 계시니 그는 구원을 베푸실 전능자이시라 그가 너로 말미암아 기쁨을 이기지 못하시며 너를 잠잠히 사랑하시며 너로 말미암아 즐거이 부르며 기뻐하시리라 하리라.

우상을 섬기던 내가 성경을 통하여 구원을 받았듯이 너도 이스라엘 가운데 계신 너희 하나님을 믿고 구원받으라고 간증과 더불어 말씀을 선포했다. 후에 전해들은 소식에 의하면 그 소녀는 에일랏에 머무는 동안 교회에 나와 신앙생활을 했다고 한다.

이방인으로서 예수를 믿게 된 사람이 하나님의 선민인 유대인에게 복음을 간증했다는 것만 해도 가슴이 벅찼다. 그런데 그들의 하나님, 그들의 성경에 기록된 구세주 '예슈아(히브리어로 예수)'를 믿게 되었다는 것은 믿게 되다니 얼마나 큰 감동이었는지 모른다. 하나님께서는 유대민족에게 복음을 증거 할 이방인 선교사를 오래전 이미 예비하신 것이다.

이스라엘식 뉴에이지 운동, 붐마멜라

1990년대 초만 해도 드러내 놓고 유대인이 아시아에서 온 이교도를 숭배하는 일이 드물었다. 그들끼리 은밀하게 의식을 행했기 때문이다. 그러나 지금은 이러한 이교도 의식이 문화화 되었다. 특히 지중해 해안에서는 뉴에이지 색채를 띤 축제가 전국규모로 열린다. "붐바멜라"가 가장 대표적인 축제이다.

묘하게도 하나님이 이스라엘에게 큰 기적을 베푸셨던 유월절 기간에 축제가 벌어진다. 현대 이스라엘인은 성경이 말하는 하나님을 외면하고 이방신을 찾아 헤맨다. 그들은 일본, 인도, 네팔, 부탄, 태국과 같은 아시아 국가들까지 찾아다니며 새로운 신, 새로운 우상에 몰입하고 있다. 그리고 자기 나라로 돌아와서는 그들이 함빡 빠져있는 문화로 포장된 뉴에이지 축제를 개최한다.

사실 나는 한국에서 성경을 읽으면서 이스라엘인들은 예수님은 믿지 않아도 구약의 하나님은 믿을 것이라고 생각했다. 그런데 지금의 이스라엘은 전혀 그렇지 않다. 특히 청년들의 문화는 성경과는 거리가 한참 멀다. 그 옛날 이스라엘의 우상숭배를 보고 통탄하시던 하나님의 마음을 조금이나마 알 것 같다. 지금도 하나님은 이스라엘은 물론 전 세계의 우상 숭배를 보시고 마음 아파하실 것이다.

이스라엘오엠은 유대인교회들과 서로 연합해서 축제에 참여하는 청년 들처럼 해변에 텐트를 치고, 축제기간 내내 그들에게 복음을 전했다. 그 중에는 스스로 도인을 자처하던 유대인 커플도 있었다. 아시아의 우상에 심취한 이들은 복음을 전하는 유대인 기독교, 서양 선교사들의 말에 전혀 귀를 기울이지 않았다. 그래도 아시아권 선교사에겐 어느 정도 관심을 보 였다.

내 전도방식에는 이미 그 기본 틀이 정해져 있었다.

"한국은 오랫동안 불교와 유교를 숭상한 나라다. 한국인들이 그 종교 를 통해서 자기 의만 발견할 뿐이었다. 사실 종교를 파고들면 파고들수록 인간은 죄인이라는 사실을 깨달을 뿐이다. 과거 헛된 종교에 빠졌던 한국 인들이 우상을 버리고 성경을 통하여 구원의 예수님을 만났듯이, 이스라 엘인들도 성경을 통하여 구원의 예수님을 만나라"는 간증을 했다. 그들 이 내 말을 듣고 개종까지 할 정도는 아니었으나 일단 경청한다는 것 자 체가 다행이었다. 그 후 나는 성경의 하나님, 이스라엘 하나님을 믿지 않 고 이방신에 현혹된 유대청년들에게 복음을 전하는 전문가가 되기로 결 단했다.

오엠 훈련을 통해 내 문화만 우월하다는 자문화중심주의적 사고에서 벗어날 수 있었다. 하나님께서는 전통과 관습으로 굳어진 내 사고의 틀을 여지없이 부수셨기 때문이다. 오엠에서는 일주일에 한 번씩 각 나라 선교회로부터 날아온 기도편지를 놓고 중보기도를 했다. 기도하는 동안 우리는 전 세계의 잃어버린 영혼을 향한 주님의 마음을 읽을 수 있었다. 또 사람과 사람 사이의 막힌 담을 허무시는 그분을 보았다.

1989년부터 유대인에게 복음을 전하는 일을 해온 나는 이스라엘 안에 있는 유대교회와 아랍교회에 하나님 나라가 임하는 것을 볼 수 있었다. 교회 밖, 세상에서는 모세의 보복법이 적용되어 그들의 관계가 영원한 평행선 같아 보일지 모른다. 그러나 이스라엘의 유대인과 팔레스타인인들이 교회 안에서, 또 복음 안에서는 서로를 용서하고 축복해 주는 것을 나는 보았다. 그것은 나에게는 일종의 기적이요 하나님 나라의 임재를 체험하는 순간이었다. 사실 유대인에게 가장 효율적으로 전도할 수 있는 사람은 팔레스타인 기독교이다. 나는 실제로 그들을 통하여 복음의 열매가 맺는 것을 자주 보았다.

1990년 초, 유대인과 팔레스타인 기독교인들이 연합하여 전국적으로 전도집회를 열었다. 유대기독교인보다 팔레스타인기독인들의 간증이 설득력이 강한 이유는—이스라엘 정부로부터 비록 땅의 주권을 빼앗겼지만

—그들은 예수님을 통해 하늘의 주권자를 만났기 때문이다. 전도 기간 중에 갖은 나눔의 시간을 통해 한 유대기독교인은 군복무 시절에 팔레스타인에게 폭행을 가했던 것을 회개하기도 했다. 그리고 폭력으로 팔레스타인들을 압박하는 이스라엘 정부의 강경파 정책을 용서해 달라고 했다.

복음 안에서 이스라엘 유대인과 팔레스타인이 이렇게 서로 용서하고 사랑하는 모습이야말로 어린이가 독사굴에 손을 넣고 장난쳐도 해를 받지 않는다는 하나님 나라가 이미 임한 것이 아닐까 싶었다.

이들이 가지 않는다면, 네가 가라

이스라엘오엠에서 함께 일할 때 간증책과 신약성경을 들고 거의 매일 축호전도와 노방전도를 했다. 그러던 어느 날, 예루살렘에 있는 어느 한인교회로부터 설교요청을 받았다. 강단에서 내려다 본 청년들의 모습은 모두가 훤하고 똑똑해 보였다. 특히 먼 예루살렘 히브리대학 혹은 텔아비브대학까지 와서 공부하는 한국청년들을 보고 감탄했다. 그러나 난 이들에게 도전하고 싶었다. 그래서 설교를 마치면서 이렇게 말했다.

"제가 이곳에 와서 하는 일이라고는 선교밖에 없습니다. 그래서 지식적으로 아는 것도 별로 없습니다. 그러나 여러분은 배운 지식을 어떻게 사용할 것입니까? 여러분을 필요로 하는 선교지로 가서 교수선교사가 되는 것은 어떻습니까?"

어쩌면 내가 하는 말이 허공에서만 맴돌았을지 모른다. 그런데 주께서 그 소리를 받아 내게 다시 보내셨다.

"이들이 가지않으면 네가 가라"

그 이후 주님은 우리 가족을 태국으로 인도했다. 태국에 도착했을 무렵, 그러니까 8-9년 전쯤 태국교회에는 이스라엘을 위한 중보기도가 거의 없었다. 수도 방콕에서만 이스라엘을 위해 기도하는 중보기도모임 간간히 있었을 뿐이다. 하지만 최근 몇 년 전부터 이스라엘에 대한 관심이 갑자기 뜨거워지기 시작했다.

태국의 어느 목회자는 이스라엘 선교를 위해 일 년 내내 헌금을 한 것을 모아 초막절 무렵 예루살렘에 있는 한 교회에 전달했다. 그뿐 아니라 태국교회는 이스라엘에 관한 책을 태국어로 번역하기 시작했고, 이스라엘과 세계선교를 위해 24시간 중보기도를 하는 교회가 곳곳에 생겨났다. 중보기도는 한국 교회만의 DNA라고 칭하는 사람도 있었지만, 마지막 때를 맞이하여 한국을 부흥시켰던 그 불길을 주님은 태국으로 옮겨 붙이고 계신다. 지금은 태국교회도 예수님의 재림을 준비하고 있다.

태국교회가 처음엔 이스라엘 구원을 위한 중보기도 혹은 세미나로 시작했지만, 이제는 이스라엘에서 배낭여행을 오는 수많은 유대청년들에게 복음을 전하는 것에도 관심을 가지기 시작했다. 한 예로, 민부리의 어느 신학교에서는 세계선교와 이스라엘 구원을 위해 하루에 몇 시간씩 중보기도를 하고 있다. 3월 초에는 이스라엘의 상황과 기도제목을 나누기 위해 2박 3일 세미나가 있었다. 그뿐 아니라, 예수님의 재림을 위해 이스라엘의 회개가 중요하다는 것을 깨달은 태국 방콕의 10개 교회가 24시간 릴레이 중보기도 연합모임이 자체적으로 결성되었다.

이처럼 오엠을 통하여 훈련받은 세계를 품은 중보기도사역과 전도사역이 이제 태국에서도 활발히 전개되고 있다. 내가 있는 교회 뒤에 위치한 목요일 재래시장에서 전도지를 나눠주며 전도를 했다. 또한 시장가는 길목인 교회 앞마당에서는 찬양을 하면서 노방전도 대회를 했다.

우리 교회는 도청소재시인 차청싸오 시에 자리 잡고 있다. 이미 이 도시에는 태국 현지 교회가 예닐곱 개나 있기 때문에 태국 사역자들이 힘들어하는 선교 사각지역에 관심을 갖게 되었다. 예를 든다면, 농사지으랴 목회하랴 시간에 쫓기고 경제적으로도 힘든 시골 목회자들에게 성경을 가르치기 시작했다. 특히 난민촌에 갇혀 있는 소수 부족 목회자들은 태국시민권이 없어서 큰 도시에 소재한 신학교에서 체계적으로 신학을 배울 기회를 얻지 못하고 있다. 그래서 소수부족의 목회자들에게 성경을 가르치면 그들이 자기 부족에 가서 말씀을 다시 설명할 수 있게 돕고 있다.

그뿐 아니라 미얀마에서 종교핍박을 받고 태국으로 망명한 카렌족은 태국의 땅끝이며, 복음 때문에 고난 받는 민족이다. 불교를 지지하는 미얀마 정부가 예수를 믿는 카렌족을 지도층에서 끌어내리고 심지어는 총과 칼 등으로 그들을 태국 등지로 밀어냈다. 태국 국경 숲 속에 사는 그들은 대략 40만에서 80만 명 정도 추정되는데, 그들은 미얀마에서도, 태국에서도 인정받지 못하기 때문에 시민권도 없이 국경이 인접한 산속에서 난민촌을 이루고 살고 있다. 태국의 시민권을 가지고 있으면 한국 돈으로 몇 천 원으로 대부분의 의료혜택을 받을 수 있는 반면에, 난민들은 같은 태국 병원인데도 외국인에게 적용되는 고가의 의료비를 낸다.

패혈병에 고생하던 싸왕(빛이라는 뜻)이란 어린아이는 올해 단기선교기간 중 국경지대에 위치한 태국 병원에 며칠간 입원을 했다. 청구된 의료비는 태국인 환자보다 몇 배나 더 비쌌다.

오엠에서 습득한 선교현장 실습은 단기선교팀이 한국에서 오면 그 효과는 극대화되었다. "한국의 밤"을 통하여 한국음식과 전도용 공연 그리고 스킷드라마와 인형극 등을 준비했다. 무엇보다도 현지인과의 커뮤니케이션을 중요하게 생각하여 통역을 카렌 현지인으로 세웠는데, 통역자가 무성영화시대 변사처럼 창의적으로 통역을 해서 현지인들이 무척이나 즐거워했다. 전기가 들어오지 않는 오지에서는 선교팀이 가지고 온 음향 시설이 무용지물이 되어 버렸다. 대신에 스마트폰 2대를 사용해서 인형극과 스킷드라마 등을 진행했는데, 물소리와 바람소리만 들리는 정글에서 현지인들의 집중도와 복음에 대한 반응은 다른 곳과는 비교할 수 없을 정도로 좋았다.

무엇보다도 한국의 청년들이 현지 어린아이들과 스스럼없이 게임을 하면서 놀 때는 마치 하나님의 나라가 임하는 것 같았다. 스킷드라마 혹은 인형극 같은 전도공연을 통하여 아이들에게 복음이 전달될 것이라고 기대했지만, 사실 현지인 아이들과 하나가 되는 시간은 가위바위보 게임 혹은 종이접기, 풍선아트 등과 같은 게임을 할 때 아이들의 마음이 열렸다.

이렇게 단기선교팀이 예수님의 이름으로 그들과 우리 사이에 가로놓여 있는 마음의 담을 무너뜨렸기 때문에 하나님께서는 새로운 사역을 수없이 열어 주셨다. 한번 방문했던 초등학교에 정기적으로 다시 찾아가서 태국 초등학생들에게 한글을 가르치고 난민촌 목회자들에게 성경을 가르칠 수 있는 장도 마련되었다. 이곳 태국은 하나님께서 예비하신 나를 위한 맞춤형 사역지가 분명하다. 나는 단지 네가 가라는 말씀에 순종했을 뿐이다.

이 모든 것이 가능했던 이유는 한국 교회와 오엠선교회를 통하여 하나님께서 전도와 기도의 은사를 개발해 주셨기 때문이다. 주님께서 가르쳐 주신 것은 하나도 놓치지 않고 복음을 전하는 선교를 현장에서 그대로 적용하고 있다. 특히 선교현장에서 현지인 교회를 개척할 때, 오엠의 전도의 경험과 타문화권의 경험은 아주 유용했다. 그래서 지금도 우리 아들과 우리 교회 청년들에게 선교현장을 통하여 선교현장에서 역사하는 하나님을 체험토록 강력히 추천한다.

민족과 열방의 연결고리

_박성배

1989년 오엠 선교사가 되어, 영국과 헝가리에서 사역했으며,
현재 인천공항 한우리미션밸리의 대표로 섬기고 있다.

저 임진강에는 다리를 놓을 수 없을까?

지난 23년, 그 진한 감동과 추억의 실타래를 풀어보고자 한다. 어디가 끝인지 시작인지 알 수 없으나 일단 가느다란 기억을 찾아 거슬러 올라가 본다. 벌써부터 눈가엔 촉촉한 눈물이 맺힌다.

북한의 개성 지역을 육안으로도 확인할 수 있는 애기봉, 그곳은 우리 집안이 600년 이상을 살아온 곳이다. 이곳에서 본 북한의 풍경은 남한의 여느 시골 풍경과 별 차이가 없었다. 임진강에서 물장구를 치고, 고기를 잡으며 어린 시절을 보냈다. 그러나 임진강을 통해 간혹 간첩이라도 내려올 때면 마을엔 총성이 울렸다. 북에서 쏘아대는 총에 마을사람이 맞아 숨진 일도 있다.

왜 같은 민족끼리 총질을 하며 싸워야 할까? 저 임진강에는 다리를 놓을 수 없을까? 남과 북이 하나가 되면 얼마나 좋을까? 나는 늘 임진강에 다리가 놓아져서 북한 땅에 가서도 마음껏 뛰어 놀고 싶었다. 책을 유달리 좋아하던 나는 모든 질문의 답을 주로 책에서 찾았다. 특히 『이태리 건국3걸전』(1907년, 신채호 저)은 12살 소년이었던 내게 방향과 길을 제시해 준 책이라고 할 수 있다. 『케말 파샤전』 역시 내게 지대한 영향을 미쳤다.

나는 그야말로 뼈대 있는 집에서 태어났다. 조선 초에 영의정을 지낸 박신의 24대 후손으로 대대로 내려온 양반 가문의 종손이었다. 법학을 공부했던 아버지는 내게 법학을 공부하여 판·검사가 되어야 한다며 중학교 2학년 겨울에 서울로 유학을 보냈다. 대학에 입학한 후 내 꿈은 국회의원이 되는 것이었다. 그 당시 국회의원쯤 되면 출세했다는 말을 들음직했다. 텃밭을 다지기 위해 대학에 입학하자마자 김포지역 대학생들을 모아 "동성회"라는 모임을 조직할 정도로 꿈을 향한 내 발길은 제법 분주했다. 내가 열심히 좇았던 것은 세상이 말하는 성공과 출세였다. 그 꿈들이 다 이루어졌다면 과연 나는 행복했을까?

내가 살던 마을에는 복숭아 과수원이 있었다. 그 안에 자그마한 예배당이 있었고, 입구엔 다음과 같은 구절이 적혀 있었다.

> 수고하고 무거운 짐 진 자들아 다 내게로 오라 내가 너희를 쉬게 하리라(마 11:28).

초등학교 4학년 때 친구들과 함께 여름성경학교에 갔다. 그때 여전도사님이 그림을 그려가며 노아의 방주이야기를 해 주셨는데 지금도 기억이 생생하다. 사실 교회를 가게 된 가장 큰 이유는 과수원에서 복숭아를 마음껏 먹을 수 있었기 때문이었다.

그 당시 나는 교회 다니는 사람들을 몹시 싫어했다. 내 눈에 비친 예수쟁이들은 품격도 떨어지고, 가난하고, 광적인 면도 보였기 때문이다. 그러나 그 시절 여름성경학교를 통해 하나님께서는 미래의 청사진을 보여주었다. 이 사실은 훗날에야 깨달았다.

하나님! 당신이 정말 존재한다면 저를 만나주소서!

대학 입학 후 정신적 방황은 가속화 되었다. 대학가는 데모가 그치지 않았고 늘 어수선했다. 나름대로 인생의 해답을 찾고 싶어 니체, 사르트르, 하이데거, 쇼펜하우어 등을 파고들었다. "신은 죽었다", "나는 피로써 쓴 책을 좋아한다"는 문구에 푹 빠졌다. 그뿐 아니라 교내 불교 모임에도 참석했다. 그곳에서 성철스님 이야기를 들었다. 나는 성경과 불경 그리고 고시교재를 잔뜩 챙겨들고 해인사를 향했다.

해인사에 가니 백련암에 거처하신다는 성철 스님은 출타 중이셨다. 수양 중이던 스님과 함께 사흘간 한 방을 썼다. 한 마디도 안하던 그에게 물었다.

"어떻게 이런 깊은 산 속에 들어오셨나요?"

"인생의 문제 두 가지를 해결하기 위해서지요."

"어떤 문제입니까?"

"죽음과 사랑의 고통에 관한 것이지요."

성경도 읽고, 불경도 읽으면서 많은 생각을 해 보았으나 불교가 말하는 윤회설은 도무지 납득이 가지 않았다. 결국 이렇다 할 답도 찾지 못하고, 산업공학이라는 전공도 내 적성과는 동떨어져서 군 입대를 결심했다. 군 입대를 위해 고향집을 방문했다. 마침 우리 농사를 도와서 지어주던 분의 딸이 내게 성경책을 선물로 주며 눈물로 호소했다.

"예수를 꼭 믿으세요."

그녀에게 받은 기드온 성경책을 가지고 입대를 했다. 논산훈련소에서 틈틈이 그 성경책을 읽었다. 드디어 논산훈련소에서 훈련을 마치고 충청남도 조치원 32사단 99연대 자대에 배치를 받았다. 연대 안에는 병기 창고를 개조해서 만든 작은 군인교회가 있었다. 군기가 살벌하고 구타가 많았던 시절, 한 병사의 기도응답으로 생긴 교회이다. 대공초소에서 새벽보초를 서고 내려올 때마다 짬을 내서 교회에 들렀다.

"신이시여! 당신이 정말 존재한다면 저를 만나주소서!"

1982년 3월 6일 새벽, 드디어 내게도 기적이 일어났다. 요한복음 4장 말씀을 통해 답을 들었던 것이다. 사마리아 여인이 예수님을 만나서 인생의 영혼의 갈증을 해결했듯이, 나도 예수님을 만남으로 영혼의 갈증을 해결할 수 있었다. 그 갈증이 어떠한지 나는 이미 체험했다. 재수시절 황달에 걸려 거의 죽게 되었을 때 한의사의 처방을 받은 적이 있다. 하루에 생수를 두 병씩 마시라는 것이었다. 이제 내 영혼의 황달을 위한 예수님의 처방이 내려졌다. 생수 자체인 그분을 마시라는 것이다. 내 인생의 해답은 곧 예수님이셨다. 그 사실을 깨닫는 순간 나는 교회 바닥에서 기쁨의 눈물을 흘렸다. 그날 이후 내 삶의 방향은 완전히 바뀌었다.

> 내가 주는 물을 마시는 자는 영원히 목마르지 아니하리니 내가 주는 물은 그 속에서 영생하도록 솟아나는 샘물이 되리라(요 4:14).

그리고 하나님께 기도했다.

"하나님! 이제 남은 생애는 방황하던 제 삶에 해답으로 찾아오신 예수님을 전하는 일을 위해서 100% 드리겠습니다. 그리고 국내뿐만 아니라 해외에서라도 예수님이 필요한 사람들에게도 복음을 전하는 삶을 살게 해 주십시오."

제대 후 서울 영락교회 대학부에 등록하여 열심히 신앙생활을 했다. 그리고 장로회신학대학원 준비를 하면서 목회자의 길을 걸을 준비를 했다.

군에서 예수님을 만나고 서원기도를 했었으나 해외선교사로 나가기보다는 국내에서 안정적인 목회를 생각하고 있었다. 신학대학원 졸업반 때 "선교사 파송연구회"라는 동아리 모임에 참석했다. 둘로스 사역을 마치고 신학대학원에 재학 중이던 김창환 선교사가 강사였다. 김창환 선교사의 강의가 끝나자 선교에 대해 더 알고 싶다고 말했다. 당시 김창환 선교사는 외항선교회 소속으로 신촌성결교회에서 타문화권선교사훈련(CCMTI)을 담당하고 있었다. 그래서 김창환 선교사와 커스틴 선교사가 진행하는 6개월 코스 선교훈련을 받았다. 선교에 대해 알고 싶었기 때문이지 내가 선교사로 나갈 생각은 없었다.

17명의 선교후보생들이 허버트 케인의 『선교사의 생활과 사역(Life and work on the mission field)』을 주교제로 공부했다. 또 영국인 선교사 커스틴은 영어를 가르쳤다. 선교훈련을 마치고 나니 어느새 신학대학원 졸업반이 되었다.

신학대학원을 졸업하면 당연히 교회에 전임전도사로 부임하여 차근차근 목회자의 길을 걸어가려고 생각하고 있었다. 당시 나는 남대문교회의 중등부 전도사로 섬기고 있었다. 선교훈련이 끝나기 하루 전 교회 철야기도회에 참석했다. 밤새도록 기도를 하고 새벽 6시경 집에 와서 누웠다. 그런데 갑자기 누군가 내게 책상 위의 성경책을 펴서 시편 37편을 읽자고 했다. 깨어보니 꿈이었다. 별 의미를 두지 않고 선교훈련 마지막 강의를 듣기 위해 집을 나섰다. 훈련을 마무리 하고 국내 교회 전임전도사로 가겠다는 생각엔 변함이 없었다.

그날 강사는 영국에서 사역을 하고 막 귀국하신 임재성 선교사셨다. 임재성 선교사는 영국 교회의 안타까운 현실을 보여 주었다. 교회가 팔려 술집이 되기도 하고, 이슬람 사원으로 바뀌기도 한다는 이야기를 들었다. 안타까운 마음을 들었지만 나와는 무관한 일로 여겨졌다. 내 길은 이미 정해져 있고, 그날 강의만 마치면 목회의 길을 걸을 것이 분명했기 때문이다. 그런데 임재성 선교사는 강의를 마치면서 기도하자고 했다. 그리고 성경을 펴서 시편 37편을 읽자고 했다. 꿈에서 들었던 말 아니던가!

> 네 길을 여호와께 맡기라 그를 의지하면 그가 이루시고 네 의를 빛 같이 나타내시며 네 공의를 정오의 빛 같이 하시리로다(시 37:5-6).

임재성 선교사는 두 손을 들고 하나님께 맡기고 기도하자고 했다. 나 역시 두 손을 들고 삶을 주께 온전히 맡기는 심정으로 기도했다. 기도하던 중 나는 진실로 삶을 여호와께 맡기고 순종하기로 결단했다. 그리고 나는 선교사의 길을 준비하게 되었다. 내가 군에서 읊조리던 기도를 하나님은 분명히 기억하셨던 것이다.

내 인생 최고의 행복한 시간

1989년 5월 드디어 선교사 파송예배를 드리게 되었다. 당시 나성영락교회 김계용 목사께서 첫 발걸음을 내미는 선교사들을 위해서 사도행전 1장 8절 말씀을 전해 주셨다. 선교사로서의 첫 여행은 마치 신혼여행처럼 달콤했다. 선교초년병인 나는 앞으로 닥쳐올 고난과 어려움을 전혀 생각지 못한 채 비행기를 처음 타고 외국으로 나간다는 사실만으로 들떠 있었다. 우리 팀을 실은 비행기가 필리핀을 향해 날았다(3년간의 선교생활을 마치고 귀국했을 때, 김계용 목사님은 더 이상 뵐 수 없었다. 다만 그분의 유고집만 내 손에 들려 있었을 뿐이다. 아! 김계용 목사님! 복음의 증인의 삶을 설교해 주신 목사님은 그 후 북한에 복음의 증인으로서의 발걸음을 띠셨다가 순교하신 걸로 추측이 된다고 했다. 세월이 가면 갈수록 그분의 삶을 본받아야겠다는 생각이 깊어졌다.)

초년병 선교사들은 필리핀 케손시티에 있는 선교센터에서 함께 합숙을 하면서 타문화권 적응과 언어훈련을 받았다. 필리핀 생활을 통해 천국과 지옥을 다 경험한 듯 했다. 한국에서의 6개월 선교사 훈련을 받았고, 나름 기도도 많이 했기 때문에 우리는 서로를 잘 알고 있다고 생각했다. 그런데 필리핀에서 우리는 수많은 영적 전쟁을 경험하면서 자아가 깨어지는 훈련이 시작되었다.

당시 싱글이었던 나는 이원영, 김세진 형제와 같이 방을 쓰면서 정말 깊은 교제와 사랑을 나누었다. 다른 동료들과도 유익한 시간을 보냈다. 해변에 가서 파도타기를 하고, 일과를 마치고 파인애플과 같은 과일을 사서 파티도 했다. 아마 이때가 가장 행복했던 시간이었던 것 같다. 3개월에 걸친 필리핀 선교훈련은 타문화 적응과 언어훈련을 위한 것이었지만 실제로는 내면의 훈련이었다. 내 아집에 금이 가고, 대신 동료들의 소중함을 배웠기 때문이다.

필리핀에서 훈련이 끝나고 싱가포르로 가게 되었다. 우리 팀원은 손중철 선교사님이 운영하시는 싱가포르 선교센터에 머물렀다. 기간이 짧아 교제의 시간은 부족했지만 싱가포르오엠인들과의 끈끈한 연대와 영향력을 확인할 수 있었다. 당시 아시아오엠 대표였던 로드니 휴이(Rodny Hui)의 강의도 빼놓을 수 없다. 탁월한 언변과 유머 감각으로 실생활 적용에 초점을 맞춘 그의 강의는 내 마음에 깊이 새겨졌다. 그리고 한국 출신 선교사들 중에도 로드니 휴이 같은 지도자들이 많이 나오게 해달라고 기도했다.

내게 있어 싱가포르는 참 깨끗한 나라로 기억된다. 특히 산토사 아일랜드의 야간 분수쇼를 잊을 수 없다. 싱가포르 시민들의 행복한 얼굴을 보면서 '여기가 지상 천국이구나'라는 생각을 할 정도였다. 그러나 싱가포르 훈련에서 가장 소중한 배움은 역시 싱가포르오엠인들과의 연합이었다.

비추소서

필리핀과 싱가포르에서 선교훈련을 받은 우리들은 드디어 아시아를 넘어 유럽으로 갔다. 1989년 각 나라에서 7천 명이 넘는 크리스천들이 "러브 유럽"에 참가했다. 그래함 켄드릭의 찬양인도와 조지 버워의 설교가 내 영혼을 흔들었다. 그곳엔 내가 전에 경험하지 못하던 자유가 넘쳐 흘렀다. 죽어가는 영국 교회를 살리기 위해 그래함 켄드릭과 1천 명의 영국 전도자들이 참여했다고 한다. 찬양이야말로 어둠의 권세를 물리치는 빛의 도구임을 보았다. 특히 "비추소서(Shine Jesus shine)"의 가사가 빛의 능력을 뿜어냈다.

설교자들의 편안한 복장과 넘쳐나는 열정도 내겐 큰 도전이 되었다. 넥타이에 정장을 벗어버리고 편안한 청바지에 티셔츠 차림의 설교자들이 처음엔 낯설었다. 그러나 곧 익숙해지면서 그분들의 열정적 설교에 곧 빠져들었다. 무엇보다 조지 버워의 메시지를 통해 실제적이고 복음적이며, 초교파적인 오엠의 가치관을 배웠다.

"러브 유럽"을 통해 다른 유명 설교자들의 말씀을 들을 수 있었다. 러브 유럽이야말로 글로벌 축제의 한마당이었다. 2주간의 러브 유럽 전도 집회를 마치고 전도실습을 위해서 브리스톨로 갔다. 브리스톨은 곳곳에 기독교의 향취가 묻어 있는 영국 남단의 도시였다. 이곳에서 기독교 역사 교육을 제대로 받았다. 더군다나 내가 머물게 된 케이트 집사님 댁은 브리스톨에서도 유수한 역사를 자랑하는 가정이었다. 그 집 서고에는 가보로 내려오는 킹제임스 성경이 있었다. 케이트 집사님은 조지 뮬러의 고아원과 요한 웨슬리의 생가를 데리고 다니면서 살아 있는 믿음의 현장을 보여 주셨다. 케이트 집사님 덕분에 기독교의 역사에 대해 눈을 뜨게 되었고 연세대학교 대학원에서 교회사를 공부하는 동기가 되었다.

브리스톨의 많은 역사 유적지를 돌아보았고, 길거리에서 전도지를 나눠주기도 했다. 집집마다 다니며 전도도 했다. 오랜 기독교 역사와는 달리 크리스천의 수가 점차 줄고 대신 이교도가 주도권을 쥐고 있는 영국의 모습을 보니 영적 부담감이 느껴졌다. 브리스톨에서 전도캠페인을 마친 후 네덜란드 디브론으로 갔다.

영원한 청년 조지 버워

네덜란드 디브론에서 본격적으로 선교사가 될 준비를 했다. 어느 날 디브론 컨퍼런스 현장에서 조지 버워를 가까이서 보게 되었다. 아침 산책길에서 한 자매가 놀란 듯 소리쳤다.

"조지 버워다, 조지 버워"

신출내기 선교사들이 조지 버워의 출현에 놀라는 것은 당연했다. 청재킷에 청바지 차림의 조지 버워는 역시 영원한 청년이었다. 수천 명 앞에서 내뿜던 영적 에너지와 개인으로 만났을 때의 유머감각, 자연스러운 옷차림 이 모두가 내게는 감동 그 자체였다. "사람이 사람을 만나면 역사가 일어나고, 사람과 하나님이 만나면 기적이 일어난다."는 말처럼, 조지 버워를 가까이서 본 후 조지 버워와 오엠을 더 사랑하게 되었다. 아마도 조지 버워가 지닌 열정 바이러스에 감염이 되었던 것 같다.

내게 디브론은 마치 영적 논산훈련소와 같았다. 디브론에서 훈련을 마친 후 영국 LUKE(Love United Kingdom Evangelism)팀을 사역지로 결정했다. 그리고 러브 유럽 라인업을 담당하던 러브 래스터(LUKE-LEICESTER)에 소속되어 선교를 시작했다.

1990년 영국 래스터에서 사역을 하고 있을 때 동료들과 함께 런던 브롬리에 있는 조지 버워 총재의 사무실을 방문하게 되었다. 조지 버워는 한국인 선교사들을 당신의 집으로 초대했다.

조지 버워는 집에 도착하자마자 거실에 들어가 함께 기도하자며 무릎을 꿇었다. 손님을 자기 집에 초대해 놓고 인사도 없이 무릎을 꿇고 인도, 파키스탄, 둘로스 등등의 세계선교지의 기도 제목을 가지고 30분 정도 기도를 하는 것이 아닌가? 조지 버워의 선교에 대한 열정을 다시 한 번 확인할 수 있었다.

올해 2014년으로 조지 버워의 나이가 이제 77세라고 한다. 1961년 16세의 나이에 오엠국제선교회를 시작해서 86개국에 3,600명의 선교사가 사역하는 선교단체를 만든 영원한 청년 조지 버워의 열정을 잊을 수 없다. 어느 모임이든 다 그렇지만 선교단체도 설립자의 정신을 잘 이어가는 것은 중요하다고 생각한다. 조지 버워의 열정을 잘 배워 갈 뿐 아니라 앞으로 한국인 중에서도 조지 버워 같은 세계적인 선교지도자들이 많이 배

출될 수 있기를 소망한다. 나 역시 조지 버워와 같은 열정을 품고 선교를 위해 남은 생애를 아름답게 바치고 싶다. 한국인들이 세계선교를 이끌어 가야 할 시대가 오고 있기 때문이다.

상처받은 치유자로 살라

그레고리 리베라(푸에토리코), 브래드 테일러(캐나다), 에드나(필리핀), 베리티(영국), 레쉬 체이스(미국), 나 이렇게 여섯 명은 운명처럼 한 팀이 되었다. 엘림교회는 팀 하우스로 사용하면서 정기 예배 및 각종 행사에 동참했다.

여섯 명의 팀 멤버들의 첫 상견례가 끝나고 방배치를 했다. 그런데 팀 리더인 그레고리가 내게 한 달간 화장실 청소를 시켰다. 좀 더 품위 있는 일을 맡길 줄 알았는데 내심 실망했다. 게다가 그레고리는 나보다 나이도 어렸고 신학공부도 하지 않았다. 자존심이 상한 나는 그레고리와 한방을 쓰면서도 며칠 동안 한 마디도 안 했다. 그런데 어느 날 아침 그레고리는 무릎을 꿇고 앉아서 내게 부탁했다.

"사무엘, 나를 위해서 기도해 줘"

서툰 영어지만 그레고리를 위해 기도를 했다. 웬일인지 기도하면서 눈물이 쏟아졌다. 내 옹졸한 마음을 회개하는 눈물이었다. 그 후 그레고리와는 둘도 없는 동역자가 되었다. 그레고리는 푸에토리코 윈드서핑 국가 대표 선수였다. 그런데 경기도중 부상을 당해 한쪽 눈을 실명하고 병원에 입원하게 되었다. 그 병원에서 예수 그리스도를 영접하게 되면서 삶을 주님께 드리기로 작정하고 선교사로 나오게 되었다고 했다.

그레고리와 나는 래스터 시내를 다니며 러브 래스터(Love Leister)를 위하여 여러 교회를 연결하는 일을 했다. 그레고리는 한쪽 눈만으로도 운전도 잘 했고, 입에서 찬송이 떠나지 않았다. 주께서 그의 빛이 되어 주신 것 같았다. 일을 마치고 교회에 도착하니 깜짝 놀랄 광경이 펼쳐졌다. 담임목사님과 장로님, 집사님들이 먼지를 뒤집어 쓴 채 청소를 하고 있는 것이 아닌가? 나는 또 한 번 부끄러움을 느꼈다

성탄절 전야에 교회에서 파티가 열렸다. 엘림교회 교인들과 우리 팀이 함께 참석했다. 담임목사님과 장로님들이 앞치마를 두르고 음식을 준비하고 있었다. 음식 준비가 거의 다 되자 교인들이 하나둘씩 나타났다. 파티가 끝난 후 뒷정리도 목사님과 장로님들이 담당했다. 오엠 훈련을 통해 나는 섬김의 종으로 오신 예수님을 확실히 배울 수 있었다.

영국에서 참 좋은 사람들을 많이 만났다. 그 중에 특별히 기억나는 사람은 중국인 유학생 왕씨 형제와 래스터에서 살고 있던 마이크 형제이다. 래스터에서 생활을 하면서 나는 틈나는 대로 래스터대학 기숙사에 전도를 하러 가곤 했다. 외국 유학생들이 묶고 있던 기숙사에서 왕씨 형제를 처음 만났다. 한국인이 없던 지역에서 영어만 쓰면서 생활하던 나는 처음에 왕씨 형제가 한국인인 줄 알았다. 반가운 마음에 말을 거니 그는 영어

로 중국인이라고 했다. 처음에는 많이 경계를 했지만, 차츰 왕씨 형제와 친해졌다.

많은 대화를 나누었다. 왕씨 형제는 영국에 유학 오기까지의 자신의 삶과 꿈 그리고 집안의 이야기들을 들려주었다. 문화혁명과 천안문 사태, 중국의 역사 등에 대해 많은 이야기를 해 주었다. 친구전도(Friendship Evangelism)의 방법으로 교제하면서 가까워진 나는 그를 부활절 전도집회에 초대했다. 그 당시 중국인 유학생으로서는 상당한 엘리트였던 그가, 웬만하면 내 간증을 듣고 예수님을 받아들일만도 했다. 하지만 그는 계속 복음을 거부하고 있었다. 그러던 중 부활절 전도집회에 참석했고, 그 집회에서 예수 그리스도를 구주로 영접했다. 아마도 영국생활을 통해서 내개 가장 큰 기쁨을 준 사건이었던 것 같다. 그 후 왕씨 형제는 중국으로 돌아가 대학교수가 된 것으로 알고 있다. 지금도 분명 주님은 왕씨 형제의 삶과 믿음을 인도해 주고 계시리라 믿는다.

래스터에 살고 있는 마이크(Mike Burrows) 형제와의 만남 또한 잊을 수 없다. 힌두교 축제가 열리던 곳에서 마이크 형제를 만났다. 증권업을 하며 홀로 살고 있던 마이크 형제는 구도자의 마음으로 카메라를 들고 힌두교 축제의 모습을 카메라에 담고 있었다. 내게 사진을 찍어 달라고 부탁한 마이크 형제와 전화번호를 주고받게 되었고, 나는 그를 오엠 하우스에 초대했다. 나중에 알고 보니 그는 인생의 외로움 가운데 뭔가 의미 있는 일을 찾고 있었다. 마이크 형제는 혼자 대저택에서 혼자 살고 있었다. 집에서 재택근무로 증권업을 하는 그는 대저택에, 좋은 차 그리고 집안에는 당구대까지 설치해 놓고 부족함 없이 살고 있었다. 겉으로 보면 부족한 없어 보이는 삶이었지만 무척 외로움에 시달리고 있었다. 누군가 친구를 찾고 있었던 것이다.

나는 마이크 형제에게 내 인생을 들려주었다. 그 후 마이크 형제는 래스터팀의 후원자가 되어서 많은 도움을 주었다. 마이크 형제와 쉬는 날이면 셰익스피어의 생가며, 스코틀랜드의 아름다운 웨일스 등 영국의 곳곳을 돌아보며 즐거운 시간을 가졌던 추억들이 떠오른다. 나는 지금도 마이크 형제를 위해 기도하고 있다. 지금도 만남의 끈을 이어가고 있다.

요나폭 키바녹?(Jó Napot Kívánok?)

'요나폭 키바녹'은 우리말로 '안녕하세요?'라는 뜻을 지닌 헝가리 말이다. 헝가리에 들어가면서 우리 팀은 헝가리어를 빨리 익히기 위해서 하루에 한 문장씩을 외워서 50명의 사람들에게 말을 하고 다니는 프로그램을 실시했다. 영국에서 영어로 생활할 정도로 훈련시킨 하나님께서 이번에는 한 번도 들어보지도 못한 헝가리 말을 배우게 했다.

헝가리 말은 영어와 같은 알파벳은 사용했지만 전혀 다른 언어였다. 내가 헝가리에 들어가서 처음 들은 말도 요나폭 키바녹이고, 처음 헝가리의 거리와 시장에 나가서 만나는 헝가리 사람들에게 언어 실습으로 외친 말도 요나폭 키바눅이다. 나는 종일 이 말을 외치며 돌아다녔다. 낯선 동양인이 헝가리 인사말을 외치고 다니는 모습을 보고, 헝가리인들은 무척이나 호기심 어린 눈으로 바라보았다.

요나폭 키바눅을 외치며 들어가 첫 발을 내딛은 헝가리는 변화일로에 있던 낯선 땅이었다. 사실 헝가리는 '안녕'하지 못했다. 동구의 파리라고 부르던 수도 헝가리 역시 헐벗고 가난한 모습이었다. 오랜 사회주의의 여파로 헝가리인들은 배고프고 지친 상태에 있었다. 지방의 몇몇 도시들을 여행할 때 공산주의 상징이던 레닌 동상을 도끼로 때려 부수는 헝가리인들의 모습을 볼 수 있었다. 교회들은 거의 죽어 있었고, 목회자들은 설교 원고를 감시 하에 읽는 수준이었다. 우리가 헝가리에 들어갔을 때는 사회주의에서 민주주의로 탈바꿈하는 일종의 대변혁기였다.

겔레르뜨 언덕을 내려오면 팀원들이 함께 생활하던 팀하우스가 보였다. 헝가리에서도 영국에서처럼 팀하우스를 얻어 공동생활을 했다. 팀하우스에서 모여서 공동생활을 하기 전 6개월 정도 헝가리 가정에서 헝가리 문화와 언어를 읽히는 램프코스를 진행했다. 그리고 팀원들과 시간을 정해 놓고 숙소 주변을 산책했다. 그때 만난 헝가리 개들은 사나운 맹수 같았다. 사람들이 굶주리니 개도 굶주려 사납기 그지없었다. 지금 다시 헝가리 땅에 가서 "요나폭 키바눅"이라고 외치면 예전엔 사납던 개들이 반갑게 꼬리치며 다가오면 좋겠다. 잠언 12장 10절에 보면 "의인은 자기의 가축의 생명을 돌보나 악인의 긍휼은 잔인하니라"는 구절이 있다. 먼저 헝가리인들이 성말씀으로 영혼이 안녕하고, 그 육축들도 주인을 닮아 안녕할 수 있길 소망해 본다.

나는 비쉬따 씨 가정에서 6개월간 생활하면서 그 집 아들 아띨라 형제에게 헝가리어를 배웠다. 헝가리 문화와 언어를 배우기 위해 생활했던 비쉬따 씨의 가정은 전형적인 부다페스트의 중산층이었다. 어려운 헝가리의 사회적 현실 가운데서도 비쉬따 씨는 가장으로서 가족을 부양하기 위해서 열심히 일했다. 아들 아띨라는 부다페스트 폴리테크닉대학에 다니는 공대생이었고, 여동생 에리카는 고등학교 학생이었다. 안주인 에타는 가정을 잘 이끌어 가는 현모양처였던 것으로 기억이 된다. 특별히 기억에 남는 것은 비쉬따 씨 가정에 처음 들어간 날, 에타가 자랑스럽게 보여주던 전기스토브였다. 에타는 내가 한국에서 온 사람이라고 했더니, 너무 반가워하면서 한국산 스토브를 쓰고 있다고 자랑했다. 개방화되면서 십대 임신율이 세계 3위라고 하는 헝가리가 복음으로 다시 세워져서 비쉬따 씨의 가정처럼, 헝가리의 가정들이 안녕하기를 소망한다.

오엠의 차량들은 늘 안녕하지 못했다. 동구 유럽팀에서 사역하면서 감동을 받았던 한 가지 사건은 대표인 테리자비스의 "오엠 밴 수리 사건"이었다. 동구 유럽의 대표였던 테리자비스는 영국 케임브리지 공대를 나온 엘리트였다. 우리 멤버들이 체코에 전도집회를 가는 도중에 낡은 차가 고

장이 났다. 고장난 차를 수리해 달라고 본부에 보고를 했는데, 달려온 사람은 대표인 테리자비스였다. 그는 낡은 작업복을 입고 직접 밴을 수리했다. 그는 작업복과 얼굴에 기름을 잔뜩 묻히고 차 밑으로 들어가 차를 수리했다. 그리고 우리들과 함께 체코에 가서 기타를 치며 찬양인도를 했다. '아! 이것이 오엠이구나. 이런 신실한 사람들에 의해서 미션이 진행되어 가는구나!!' 나는 테리자비스를 통해서 오엠지도자의 진정한 헌신과 섬김의 모습을 보았다. 한국으로 귀국하기 전 그는 내게 당부를 했다. "선교는 붐(Boom)이 아니다. 선교는 헌신이다."나는 가끔 테리자비스의 그 말을 마음 깊은 곳에서 꺼내어 묵상하곤 한다.

1991년 6월 9일부터 22일까지 헝가리와 국경을 서로 접하고 있는 우크라이나로 전도여행을 다녀왔다. 전도여행을 통해서 피폐한 우크라이나의 영혼들을 만나게 되었다. 내가 본 우크라이나의 로브노(Rovno)는 안녕하지 못했다. 우리는 로브노의 극장을 빌려서 집회를 했는데, 공산주의 비밀경찰인 KGB 요원들이 감시를 하고 있었다. 로브노 시내의 백화점이라고 하는 곳은 정말 살만한 물건이 별로 없는 허름한 가게였다. 육신과 영혼이 피폐해진 모습을 보았다. 내 민족 북한을 떠올리며 기도하기 시작했다. 실제로 로브노와 헝가리에서는 북한 사람들을 여럿 만났다. 내가 어린 시절 애기봉에서 바라본 북한의 모습이 새삼스레 떠올랐다.

헝가리에서 생활을 하면서 사역이 끝나갈 무렵 당시 한국오엠의 총무였던 최춘호 목사님이 방문했다. 최춘호 목사님과 3일간 같이 지내면서 많은 대화를 나누었다. 나는 최춘호 목사님의 제안을 받아 들여서 헝가리에서 귀국하면서 한국오엠 훈련간사로 사역을 이어가게 되었다. 그리고 극동방송 선교프로그램인 "하나 되게 하소서"에 출연하여 공산주의가 무너지고 있는 동구권의 생생한 이야기를 들려주었다. 그리고 소련과 동구권이 무너진 것처럼, 북한도 무너질테니 통일을 준비하자고 말했다.

나는 지금 스마트폰에서 흘러나오는 요한 스트라우스의 "아름답고 푸른 도나우 강(op 314)"을 들으며 헝가리로 추억 여행을 떠난다. 기도의 응답으로 영국에서 사역지를 헝가리로 옮겨 사역하다 귀국한지도 벌써 23년의 세월이 지났다. 겔레르뜨 언덕에서 푸른 도나우 강을 내려다보던 때를 떠올려 본다.

헝가리에서의 첫 겨울은 참으로 추웠다. 한겨울에는 많은 눈이 내렸고, 헝가리 문화와 언어에 익숙지 않은 나는 참 춥고 배고픈 겨울을 보냈다. 추운 겨울 아침, 스산한 빵 가게 앞에 늘어선 헝가리 사람들 사이에서 딱딱한 빵 한 줄을 들고 낡은 아파트로 향하던 장면이 생각난다. 헝가리(Hungary)는 발음을 조금 잘못하면 헝그리(Hungry)로 실수할 수 있다. 그런데 생각해 보면 그때 헝가리에서 만난 사람들은 참 헝그리했다는 생각이 든다. 그 배고픈 사람들에게 나는 복음의 빵을 나누었다. 예수 그리스도만이 그 배고픈 영혼을 채워줄 수 있는 영혼의 빵이기에, 하나님은 나를 인생의 방황 끝에 만난 해답인 예수 그리스도를 전해 주기 위해 헝가리에 들어가게 하셨던 것 같다. 부다페스트의 중심가인 빠찌우짜 거리에서 서툰 헝가리어로 예수 그리스도를 믿으라고 외치던 젊은 날의 모습이 떠오른다. 외침 후에 나눠주던 요한복음을 받아들고 즐거워하던 헝가리인들의 얼굴이 생각난다. 소련의 통치, 사회주의에서 갓 벗어난 헝가리는 참 헐벗고 가난한 나라였다. 자연의 이치도 반드시 겨울이 가면 봄이 오듯이, 23년이 지난 지금 헝가리는 민주주의 국가가 되어 가고 있다. 나는 헝가리가 자유민주주의 국가로, 믿음의 국가로 발전하기를 두 손 모아 기도한다.

래스터팀 동역자 안녕한가?

필립 형제 안녕한가?

왕씨 형제, 마이크 형제 안녕한가?

헝가리의 개들이여, 안녕한가?

비쉬따 씨 가정은 안녕한가?

오엠 밴은 안녕한가?

우크라이나는 안녕한가?

그리고 우리 민족, 북한은 안녕한가?

그림 그리는 선교사

_안선애

오엠 선교사로서 1989년부터 2007년까지 런던과 터키에서 사역했고,
현재는 글로벌미술연구소 대표로 사역하고 있다.

네게 응답하겠고

기도편지를 다시 쓰는 것만 같다. 또 눈시울이 붉어진다. 기억 속에 묻혀 있었던 나의 믿음, 불순종, 미성숙 그리고 과분하게 받은 주님의 은혜와 사랑에 감격하며 이 글을 시작하고자 한다.

내게 선교라는 단어가 처음 다가온 것은 선교사님들의 간증을 여러 번 듣고 나서였다. 1970년대 후반만 해도 선교사님들의 간증을 듣기가 쉽지 않았다. 처음 간증을 들을 땐 그저 무덤덤했다. 선교는 나와 무관하다고 생각했기 때문이다. 그러나 몇 차례 반복되다보니 혹시 하나님께서 내게 하시고자 하는 말씀이 있는지 생각하게 되었다. 그 후 생활 속에서 말씀을 통해 응답을 받는 과정에서 내가 부르심 받았다는 것을 알게 되었다.

선교사로 부르심을 받고 제일 먼저 인도에 관심을 갖게 되었다. 인도는 성경번역이 필요한 지역이었다. 학교에서 성경번역 동아리 활동을 한 적이 있다. 또 성경번역 선교캠프에서 공부를 했다. 인도는 거대한 대륙으로서 언어 종류도 많고, 큰 산을 하나만 넘어도 서로 말이 통하지 않는다고 들었다. 여하튼 인도 성경번역 사역에 관심을 갖게 되었다. 힌디어와 인도에 대해 배우기 시작했다. 인도는 세계에서 두 번째 규모의 이슬람 국가였기에, 이슬람 지역은 주요 선교지가 될 것이라 여기고 이슬람 지역으로 보내시면 가겠다고 기도했다.

1988년 어느 날, 주일 예배시간에 고 옥한흠 목사님께서 터키의 선교사들이 모두 체포되어 재판을 받게 되었으니 합심하여 기도하자고 했다. 이후 기도하던 중 인도가 아니라 터키로 부르시지는 않았을까 생각했다.

하나님의 부르심을 다시 한 번 확인하기 위해 새벽예배를 마치고 아침금식을 하면서 기도했다. 45일 정도 지났을 때 "너는 오엠으로 가거라." 하는 말씀이 들리는 듯 했다. 그 음성을 들었던 기억이 어찌나 생생한지 지금도 들리는 것만 같다.

이 응답을 받기 3년 전에 선교비를 전달해 달라는 학생회의 부탁으로 오엠사무실에 한번 간 적이 있었다. 그 당시 오엠은 단기사역을 주로 했기에 별 관심이 없었다. 그러나 그것이 연이 되어서인지 모르겠지만, 나는 오엠 파송선교사가 되었다.

어메이징 그레이스

1989년 5월 15일, 나는 오엠에 소속되어 있는 교회인 사랑의교회 파송 선교사로 동료들과 함께 출국했다. 그러나 나는 대학원 준비를 하다가 중단하기는 했지만 신학을 전공하지 않은 평신도 선교사였다.(몇 년 후, 터키에서 문화인류학과 학생으로 정착을 위해서 모대학의 교수님들과 면접을 할 때, 아시아학을 전공한 학생으로 아시아 지역의 여성을 연구하러 왔다고 말했다. 이것은 꽤나 설득력이 있었다.)

제1회 "러브 유럽"에 참석해서 영국의 각 도시를 다니며 복음을 전했다. 나는 한국인으로는 유일하게 '찬양과 드라마팀'에 배치되었다. 시내 곳곳을 다니며 스킷드라마와 찬양을 했다. 드라마가 정점에 이를 때에 나오는 곡인 "어메이징 그레이스"의 독창을 맡게 되었다.

런던에서 이집트 현지인 교회와 인도 여성 모임을 돕는 일을 통해 다문화권의 사람들을 많이 만났다. 런던에서의 전도사역이 항상 즐겁기만 한 건 아니었다. 커피하우스와 하이드 파크 등에서는 사람들의 무관심 때문에 힘이 들었다. 또 메트로폴리탄 도시 자체가 가진 영적 암울함이 런던의 안개처럼 매일 우리를 짓눌렀다.

런던에서 몇 달을 보내면서 앞날에 대한 걱정이 생겼다. 아무 염려 말고 한 걸음씩 나가라는 조언도 들었지만 별 효과가 없었다. 전도지를 건네받자마자 내던지는 사람들을 계속 지켜보는 것이 여간 힘든 게 아니었다. 그런데 어느 날 모로코 형제에게 건넨 한 장의 전도지는 달랐다. 그는 말씀을 배우길 원했다. 우리 팀 형제들이 그를 양육했다. 그 후 그 모로코 형제는 사역자가 되었다.

러브 유럽 이후, 선교지가 중동으로 정해졌다. 중동으로 가기 전에 우리 팀은 영국 내 터키 난민 사역을 시작했다. 심플라이프 공동체 훈련이 본격적으로 시작되었다. 교회사무실을 자매들의 침실 겸 거실로 사용했다. 그 당시 교회가 보내주시는 선교헌금은 모두가 나누어 쓰는 것이 원칙이었다. 우리에겐 전자제품도, 전화도, 세탁기도 기름진 음식도 없었다. 날씨는 춥고 두꺼운 옷은 아예 가지고 오지도 않았기에 추위와 싸우는 우리야말로 난민 같았지만 다른 나라 자매와 함께 터키 난민가정을 돌며 전도하고 말씀을 가르쳤다.

터키에서 8주간 전도할 때였다. 도심에서 성경을 나누어 주며 전도하고, 사람들을 초청해서 예배도 드렸다. 그런데 사복경찰들에게 잡혀 유치장 신세를 졌다. 그러나 유치장 안에서 만난 터키인들에 전도를 했다. 조서를 꾸미는 동안 서장실 큰 테이블에 둘러앉게 되었는데 우리에게 노래를 불러보라는 것이었다. 우리 팀 리더가 나에게 노래를 시켰다. 나는 "어메징 그레이스"를 영어로 불렀다. 노래를 들은 경찰들은 우리들이 풍기문란 죄와는 거리가 멀다고 생각하는 눈치였다. 결국 우리는 하루 만에 그 도시에서 쫓겨나는 것으로 일단락되었지만, 다른 두 팀은 국경 밖으로 추방을 당했다.

런던으로 돌아와 이전과 같이 이 교회 안에서 예배드리고, 생활하며,

터키교회를 세우며 양육하는 일을 계속했다[1989~1991].

주님, 저는 누구입니까?

3개월 후, 본부 사무실에서 만들어 준 편도항공권으로 스위스를 거쳐 목적지 공항에 도착했다. 그러나 나는 블랙리스트에 올라가 있었기에 공항을 벗어나지도 못한 채 스위스로 다시 돌아가야 했다. 그때 많은 교인들과 가족들이 중보기도를 해 주셨다. 그 기도들이 내 머리 위에 와서 쌓이는 것처럼 힘을 주었다.

우여곡절 끝에 기차를 타고 터키에 입성했다. 내가 정착하여 살게 된 도시에서도 행여 신분이 탄로가 날지 모르니 어학원에 가지 말고 혼자 언어공부를 하라는 지시를 받았다. 매일 혼자서 수험생처럼 언어공부를 했다. 가끔씩 현지인 자매가 발음과 문법을 가르쳐 주었다. 한국어과 학생들이 우리말을 배우러 오면 우리는 음식을 만들어 주며 복음을 전했다. 밥을 먹으면서도 듣기공부를 했다.

1997년으로 기억하는데, 그때 나는 학교에 다니지를 않다 보니, 거주 허가증이 없어서 석 달에 한번씩 국경 밖을 나갔다 와야 했다. 한번은 버스를 타고 해변도시로 가서는 그리스의 작은 섬을 몇 시간 동안 둘러보기로 하고 국경을 벗어났다. 혼자서 매번 이렇게 국경을 들락날락 해야

한다는 것이 몹시 싫었다. 몸도 마음도 지치고 믿음도 약해졌다. 잔잔한
바다 물결을 향해 외쳤다.

"주님, 저는 누구입니까?"

그때 바다 물결이 내게 속삭이듯 말했다.

"사도 바울이 이 바다를 건너 그리스로 전도하러 다닐 때, 아니 그보다
훨씬 더 이전부터 나는 밀려왔다 밀려가는 일만 반복했단다. 그래도 나는
처량하게 하나님 나는 누구입니까?라고 묻지 않았어."

해마다 연말이면 대사님 댁에서 음식을 먹으며, 작은 잔치를 벌였다.
우리 팀도 가끔 초대되어 참석했다. 그 해가 2000년 말이었는데, 우리는
외교관, 유학생 그리고 해외사업가에 비해 우리들은 세상적인 기준에서
볼 때 보잘 것 없어 보였다. 관저를 더 넓은 곳으로 옮긴 탓에 길을 헤맸
다. 갑자기 의기소침해져서 그냥 집으로 가 버릴까 생각했다. 그때 주께
서 이렇게 나를 위로했다.

"너는 나의 대사다 어깨 펴고 가서 평소 먹고 싶었던 맛있는 한국음식,
많이 먹고 오너라."

갑자기 새 힘이 솟았다. 나는 환한 미소를 지으며 당당히 관저로 들어
가 실컷 맛난 음식을 먹고 돌아왔다. 내가 노래할 차례가 되었을 때엔 우
렁찬 목소리로 한국노래도 불렀다.

터키에 도착하여 혼자 공부한 지 8개월 만에 어학원에 갈 수 있게 되었
다. 그 무렵 우리 팀은 새로운 사역방법을 구하기 위해 금식 중이었다. 금

식 3일째 되는 날이 시험을 치르는 날이었다. 6단계 중 4단계에 배치되었다. 강사가 학과장에게 나를 적극 추천하는 바람에 나는 터키어를 제대로 못하는 상황인데도 특별학생으로 대학원에서 문화인류학을 공부하게 되었다.

문화인류학과의 수업시간은 자주 세미나 발표를 해야 했다. 나는 한국의 문화와 종교를 주제로 발표하면서 자연스럽게 복음을 전했다. 내 논문의 초안을 보여드리니, 이후 대통령 수석 자문위원이 되신 교수님께서 도와주셨다. 88올림픽 때 서울의 교수올림픽에 참석했다며 우리나라에 대한 좋은 인상을 가지고 계셨다. 터키 여성에 대한 논문을 쓸 생각이라니까 기뻐하시며 도와주셨다.

섬김의 도구

단기사역자들이 올 때마다 주께서 나를 요긴한 도구로 사용했다. 또한 팀원들의 안전을 지켜 주셨고, 병을 치유하는 기적도 베푸셨다. 처음으로 도시 빈민지역에서 전도사역을 했다. 많은 놀라운 일들이 일어났다. 이웃에게도 복음을 전했고, 학교친구의 가정을 찾아가 말씀을 나누었다. 단기사역자들이 떠난 후에도 그들이 뿌리고 간 씨앗을 돌보기 위해 전도활동을 계속했다.

'사랑의교회 직장여성 다락방팀'이 방문했다. 처음엔 내 친구 집에만 들리려고 했는데 우리를 본 마을사람들이 일제히 모여들어 기도해 달라는 것이 아닌가! 그래서 도시빈민들을 섬긴 후, 계획되었던 일주일간 터키의 여러 도시를 두루 다니며 전도했다. 정말 은혜로운 단기사역이었던 것 같다. 그때 오셨던 분들은 현재 실버선교사가 되거나 교회의 리더로 섬기고 있다.

1997년 겨울, 사랑의교회 청년대학부 단기선교팀이 방문했다. 이들은 현지 대학 강당을 빌려 "한국인의 밤" 행사를 했다. 현지 학생들이 한국의 전통문화를 보고 싶어 했기 때문이었다. 그들은 한국의 전통문화와 음식에 대해서도 관심이 많았다. 교회선교부에서는 내게 이 팀이 현지 대학에서 겨울방학 단기영어강좌에 등록할 수 있도록 부탁했고, 그 일로 인해한 달간 두 나라 학생들이 사귐의 시간을 갖게 되었다. 동아리에 초대도 하고, 기숙사도 제공해 주었다. 현지 학생들과 교제하면서 삶 속에서 복음을 나누었다. 현지 학생들은 한국청년들이 게임을 하면서 웃음을 터뜨리는 것을 신기하게 바라보았다. 현지 학생들은 한국학생들에게 이슬람식 기도를 가르쳐 주려고 했다.

나는 자매 사역자들과 함께 다른 동네로 이사를 가게 되었다. 새로 이사 가게 될 곳은 주민들이 가난하긴 해도 마음과 생각이 크게 열려있던 곳이였다. 나는 여학생 가정을 방문했다. 또 그들을 초대하여 음식을 대접하면서 교제도 하고 복음도 전했다. 뒷담화를 하며 궁시렁 대는 사람도 있었지만 진심으로 같이 기도하고, 순수한 마음으로 예배에 참석하는 사람들은 기도 응답과 축복을 받았다. 특히 한 삼수생의 가족을 잊을 수 없다. 이 가정은 가족 모두가 복음을 듣고 함께 기도했다. 삼수를 하던 그 학생은 좋은 학교에 입학했다. 또 방황하던 법대생도 빼놓을 수 없다. 그는 지금 부부법관으로 활동하고 있다. 또 나이가 지긋하신 노부부 한 가정을 꾸준히 섬겼더니 그분들의 자녀와 손자들과 교회에 나갈 수 있도록 허락해 주셨다.

어느 날, 아라랏 산 근처에 살던 자매 하나가 우리 동네 공원에 쓰러져 있는 것을 발견했다. 목사님 가족의 도움을 얻어 그 자매를 집으로 데려와 보살펴 주었다. 후에도 몇 번 우리 집에 놀러오더니 결국 주님을 영접하게 되었다. 그리고 자기네 고향집에 우리를 초대했다. 열 명 가까이 되는 우리 여성사역자들은 그곳에 가서 겸사겸사 복음을 전할 수 있었다.

치유의 기적도 일어났다. 오랫동안 백내장으로 고생하던 자매는 합심 기도를 통해 병이 나았다. 시골 동네라 그런지 이 소문이 금세 마을 전체에 퍼졌다.

> 예수께서 대답하여 이르시되 너희가 가서 보고 들은 것을 요한에게 알리되 맹인이 보며 못 걷는 사람이 걸으며 나병환자가 깨끗함을 받으며 귀먹은 사람이 들으며 죽은 자가 살아나며 가난한 자에게 복음이 전파된다 하라(눅 7:22).

주님, 떠날 수 없습니다

사랑의교회 창립 20주년 기념인터뷰에 초대되었다. 모교에서는 선교학 교수 제안을 했다. 갑작스런 연락을 받고 선교지를 떠나야 했다. 어쩌면 영영 떠날 수도 있다고 생각을 하니 눈물이 하염없이 쏟아졌다. 그래서 주께 먼저 아뢰었다.

"주님, 떠날 수 없습니다."

나는 학교와 교회에 생각을 전하고 즉시 터키로 돌아왔다. 오엠 선교사로서 터키인들을 위해 삶이 다할 때까지 일하는 것이 소명이라고 확신했기 때문이다. 훗날 곰곰이 생각해 보니 이미 이때부터 미술선교 사역이 예비되었던 것 같다.

거주허가증이 필요했을 무렵, 그림을 그리는 상류층 부인들을 다시 만나게 되었다. 그분들은 나를 무척 좋아했고, 복음에 대해서도 마음이 열려 있었다. 그들을 전도하고 싶은 마음을 떨칠 수가 없어서 매주 한 번씩 함께 그림을 그리기로 했다. 그분들은 내게 지도선생님도 소개해 주며 서양화를 전공하면 어떻겠냐고 권유했다. 그러나 나는 시골동네로 가서 토속 공예를 배우고 싶었다. 이사를 가서라도 시골의 공예를 더 배우고 싶은 마음이 강렬했다.

1999년, 터키에서는 리히터 규모 7.6의 강진이 일어나 주민 2만여 명이 사망하는 참사가 발생했다. 그때 영어와 터키어로 통역할 사람이 필요하다고 나를 불렀다. 언어 실력은 부족했지만 도움이 될까 해서 한밤중에 달려갔다. 한국에 살면서 한 번도 지진을 경험해 보지 않았기에 여진만으로도 공포감이 있었으나, 주님 주시는 큰 평안으로 견딜 수 있었다. 진료센터로 사용하던 대형텐트가 요동치고 바닥은 마치 물침대처럼 흐물거렸다. 밖에서 진료를 기다리던 현지인들이 비명을 지르며 쓰러졌다. 이미 지나간 지진의 공포가 너무 커서 여진에도 크게 놀랐던 것이다. 큰 지진이 일단 일어난 후엔 여러 차례의 여진이 발생하면서 땅을 다진다고들 말했다.

터키의 대지진으로 인해 적십자사는 물론 여러 나라에서 수많은 의료진과 선교단체들이 도움의 손길을 펼쳤다. 중보기도와 물질, 의료봉사 등을 통해 많은 터키인들이 주께 돌아왔다. 기독교인들은 사악하다는 그들의 편견이 깨졌기 때문이다. 그들을 사랑으로 섬기는 많은 크리스천들을 직접 대하면서 크고 작은 오해들도 많이 풀렸던 것 같다. 더 나아가 시골에 기독교 개척의 길이 열리기 시작했다.

지진현장에서 터키 장군과 잠시 인터뷰를 하게 되었다. 단발머리를 한 내 모습이 국영TV의 뉴스시간에 방영되었다고 한다. 일주일간의 통역봉사를 마친 후 다시 내가 살고 있는 동네로 돌아왔다.

돌아오니 우리 도시도 흔들리기 시작했다. 며칠 후 한밤중에 나는 곤히 자고 있었고, 내가 살던 도시도 심하게 흔들려 모두 거리로 뛰쳐나가

밤을 새웠다고 했다. 나중에 들은 말이지만 이웃 아주머니는 3층에 살고 있는 나를 깨우지 못하고 자기네만 피신을 해서 정말 미안하다고 말했다.

새로운 사역을 준비하며

1999년, 오엠은 밀레니엄을 앞두고 네덜란드에서 모임을 가졌다. 그 무렵 나는 미술대학에 입학을 기다리고 있었다. 그래서 이왕 네덜란드에 온 김에 라브리 사역지를 가서 보고 싶었다. 프란시스 쉐퍼 목사님의 절친한 친구 동역자이며 미술사학자 한스 로크마커 교수(1922~1977)가 라브리 대표였다. 기도로 준비한 탓인지 네덜란드 라브리에서 유익한 시간을 보낼 수 있었다. 라브리의 간사님 부부들과 면담도 하고 강의테이프도 복사해 왔다. 하나님께서 내게 새로운 사명을 주시고, 여러 도움의 손길을 보내신다는 확신이 있었다.

여러 가지 사역으로 분주하다 보니 어느새 새 학기가 시작되었다. 이렇다 할 준비도 못한 채 미대 석사과정에 특별학생으로 들어가게 되었다. 두세 달 학교를 다니다 보니, 이 공부를 하는 이유는 단지 거주허가증을 얻기 위한 것이 아니라는 사실을 깨달았다. 내가 지금 하고 있는 그 일이 새로운 사역을 위한 준비단계라고 생각했다. 하나님께서 미술을 통해 나를 사용하실 것 같다는 느낌이 있었다.

나는 미술과 사랑에 빠지게 되었다. 시험을 치고 정식 학생이 되었다. 자신만의 스타일을 강조하던 교수님이 있었지만 금식하고 기도하며 나만의 작품스타일을 발전시켰다. 교수님들은 내 작품을 맘에 들어 하시며 이 스타일로 계속 작업을 하라고 격려해 주셨다.

초대교인의 고난과 믿음을 생각하며 갑바도기아를 그렸고, 이후 박사과정에서는 초대교회를 그렸다. 그러면서 방과 후에 남아서 함께 그림을 그릴 때와 세미나 발표 시간에 우리나라의 미술을 설명하면서 복음을 전했다. 지금은 미국에 정착한 이란 출신의 한 자매가 친구와 함께 교회에 오면서 나를 많이 좋아했던 기억이 난다. 또 데생 수업시간에는 음악을 들으며 수업이 진행되는데, 나는 찬송테이프를 가져가 수업시간에 함께 들었다.

미술사 책에 담겨진 교회건물 또 이스탄불의 고딕양식의 교회건축물만 봤던 여학생들이 우리 교회에 가보고 싶다고 했다. 내가 크리스천이라는 것을 알았던 모양이다. 아마도 그들은 우리 교회 역시 웅장한 고딕식 건물일 것이라고 생각했던 것 같다. 남자친구까지 데리고 온 그들은 초라한 우리 교회 건물을 보고 많이 당황한 것 같았다. 그 당시에 터키는 개신교를 이단으로 취급했다. 우리 교회의 겉모습은 초라하기 그지없었는데, 낡아서이기도 했지만 강경파 무슬림들이 몇 차례씩 창문을 부순 것도 하나의 이유가 되었다. 학교에서도 늘 조심해야 했다. 그러나 그러한 긴장 속에서도 다른 학생들과 가까이 지낼 수 있어서 참 좋았다.

현지인 교회에서 여성 리더들과 리더가 될 자매들을 훈련했다. 교재는 사랑의교회 제자훈련 교재와 사역훈련 교재를 터키어로 번역한 것이었다. 그때 훈련받은 자매들이 지금도 터키교회를 잘 섬기고 있다. 나는 떠나왔으나 많은 사역자님들이 이 훈련 교재를 공유하며 사용하고 있다.

그림 그리는 선교사

터키에서 미술대학을 다닐 때의 일이다. 미술과 학과장님의 귓속 달팽이관에 문제가 생기는 바람에 무척 괴로워했다. 마침 내가 학과장실에 갔을 때, 문은 활짝 열려 있었고, 아파서 고통스러워하는 교수님의 모습을 보았다.

"교수님, 저는 예수님의 이름으로 기도하는 사람입니다. 제가 교수님의 아픈 부위를 위해 기도해도 될까요?"

나는 교수님께 양해를 구하고 그분의 귀에 손가락을 넣고 기도했다. 기도를 마치자 교수님도 "아멘!"이라고 했다. 몇 달 후, 교수님은 그날 이후로 한 번도 귀가 아픈 적이 없었다며 마냥 신기해 했다. 교수님의 사모님도 이 일에 대해 고마워했다. 그리고 내가 믿는 주님에 대해 많은 관심을 보이시며, 나를 따뜻하게 대해 주었다.

2001년, 미국에서는 9.11 테러사건이 발생했다. 같은 시기에 나는 박사

조교사무실에서 조교들과 담소를 나누고 있었다. 나를 본 교수님이 말씀했다.

"세상이 자꾸 둘로 나뉘는구나. 우리가 선애를 만나지 못했다면, 크리스천들을 얼마나 이상한 존재로 생각했겠어. 우리가 본 크리스천이라면 선애 한 사람 뿐인데 선애 좀 봐라 잘 웃고, 전혀 이상하지 않지."

그 말씀이 고맙기도 했지만 순간 나는 영적으로 큰 책임감을 느꼈다

또 한번은 어떤 교수님의 사모님이 손가락이 아프다고 했다. 이번에도 예수님의 이름으로 기도하니 나았다. 그 후로는 그 가정에 아픈 사람이 생기거나 자녀의 생일날이 되면 나를 초대했다. 이 교수님을 포함하여 회화과 교수님 다섯 분은 2002년 월드컵 때 한국을 방문했고, 주일예배에도 참석했다.

내 그림 실력도 날로 발전했다. 모두가 주의 은혜였다. 개인전을 할 때엔 그곳 국영방송 문화프로그램에서 작품과 인터뷰 내용이 방영되기도 했다. 신문과 잡지에도 소개가 되었고, 심지어 TV에 출연하여 행운권 추첨을 하기도 했다. 마침 학교 친구의 어머니가 방송국 고문이셨기 때문이다. 박사학위 논문으로 제출한 초대교회 작품전에는 터키 문광부 장관께서 국외 출장 중이시라 내 개인전 오프닝에 참석하지 못해서 미안하다며 축전을 보내주시기도 했다. 이 전시회에는 대사님 내외분을 비롯하여 많은 외교관들도 관심을 보였다.

터키에서 처음으로 사복경찰에게 잡힌 일도 있었다. 책과 성경을 공원

에 놔두었기 때문이었다. 책과 성경에는 터키 문광부의 허가 도장이 찍혀 있어서 파출소 소장은 죄가 없다고 했지만, 그들은 나를 외국인 구치소로 데려갔다. 심문하는 가운데, 내가 한·터 수교기념 현대미술전 기획을 준비하고 있다는 것을 알고 훈방 조치했다. 2005년 대한민국 대통령이 왔을 때 통역을 한 사실을 알게 되었기 때문이다.

예술선교를 꿈꾸다

내 장기비전은 'Arts in Mission'이 'Arts as a Mission'이었다. 이를 위해 끊임없이 연구하고, 가르치고, 예술가들에게 복음을 전하는 것이다. 예술선교 사역은 우리가 개척하고 사용해야 하는 21세기 선교 사역의 새로운 방법론 중의 하나이다. "글로벌예술연구소"를 통해서도 미술과 예술 사역으로 많은 영혼들을 주께로 인도하기를 기도한다.

Arts in Mission(예술선교)의 뿌리는 문화선교와 전문인(평신도)선교이다. 21세기의 문화, 예술, 선교분야에서도 한국 교회의 많은 헌신, 개척 그리고 연구가 필요하다. 2012년 "선교한국"에서 강의할 때 Art in Mission을 발표하면서 그 전략에 대한 연구발표를 한 적이 있다. 거기서 내가 주장한 것은 세계의 청년문화를 읽어내야 한다는 것이었다. 그 안에 미래에 대한 초상과 본질이 담겨 있기 때문이다. 예술분야란 곧 문학, 국악, 건축, 미술, 만화, 애니메이션, 전통문화, 음악, 무용, 연극, 영화, 공예, 사진, 디자인, 예술문화 분야의 비평, 교육 등 일일이 열거할 수 없을 정도로 많이 있다.

2002년 월드컵 기간에 우리나라에서 전시회를 하면서 거의 모든 나라에 기독 미술이 미미하고 선교에 쓰임 받는 경우는 거의 전무함을 알게 되었다. 이것이 나에게 부담이 되었지만 한국에 그 베이스를 만들기엔 시기상조였다.

국내 미술사역을 위한 베이스 사역은 후원문제로 쉽지 않았다. 1년 후 그 당시 한국 본부 리더였던 백 선교사 내외께서 우리 집에 찾아오셔서 오엠 협력선교사로 후원을 받으며 일을 하라고 했다. 그러나 나는 이미 자비량으로 일하기로 결심한 상태였다. 내가 정말 이 일에 부름 받았는지도 다시 확인하고 싶었다.

기독 미술인들과 교회에 초대되어 강의도 여러 번하고 간증설교도 했다. 자비량으로 일한다는 명목 하에 노동도 해 보았고, 배고픈 예술가로의 처지도 경험해 보았다. 그동안 주위에서 특히 가족들이 미술사역에 집중하는 나를 두고 걱정을 많이 했다. 그러나 2012년 선교한국에서 "예술선교" 강의를 한 이후에는 조금 안심을 하며 기도해 주고 격려해 주고 있다. 지금은 가족들도 예술사역의 필요성을 인정해 준다. 아직 갈 길은 멀지만 내게 있어 이 길은 축복이기도 하다.

나는 우선 국내에서 작품 활동과 연구 활동을 하면서 자비량 사역자로서 Arts as a Mission을 개발할 생각이다. 아직도 많은 실험을 하고 있는 상황이고, 개인적인 작품 활동 때문에 자비량을 선호한다. 예술 사역 전반을 살펴본 나는 예술가 전체에 대한 사랑과 예술에 대한 호기심이 자라나고 있다. "글로벌예술연구소"를 잘 성장시켜 온 세계의 필요에 주목하며, 주위의 예술가들을 후원하고 전도하려 한다. 자비량 사역자로 주님의 공급하심을 받기 위해 그동안 기도 외에는 아무에게도 부탁하지 않았다. 여러 가지로 돌보아 준 가족들이 고맙다. 요즈음은 사역의 열매도 주시고, 세미한 주님의 공급하심도 체험하게 하신다.

어느 날, 100년이 훨씬 넘은 이웃교회에 눈길이 갔다. 오래 전 미국 선교사님이 세웠다고 한다. 그 선교사님은 도산 안창호 선생님의 교육에도 영향을 미친 분이시다. 그래서 가끔 이 교회를 찾아가 개인 기도를 한다. 이곳에서 기도를 할 때, 터키로 나를 부르시며 그 민족을 선택하게 하셨던 주님이 예술가들을 섬기기 위해 또한 부르셨음을 확인할 수 있었다. 예술가들을 향하신 성삼위 하나님의 불쌍히 여기심과 따뜻하고도 깊은 사랑을 느낄 수 있었다. 한 국가를 향하신 부르심과 같은 무게로 예술가들을 향하신 주님의 크신 사랑을 느낄 수 있었다. 나는 또 잘 모르는 이 길을 순종하며 가려고 한다. 아니 가고 있는 중이다. 예술고등학교에서 공부하게 하신 것을 오랫동안 원망했던 적이 있기 때문에 더욱 겸손히 무조건 순종하며 이 길을 가려한다. 내가 선교지에서 경험했던 주님은 처음에 약속하신 대로 오엠에서 많은 것을 가르쳐 주었다. 글을 마치려하니, 한 사람의 사역자로서 누린 과분한 축복들과 중동지역에서 느꼈던 답답함과 외로움, 아직도 내가 가진 많은 부족함이 다시 떠오른다.

　선교현장에서 사역하는 많은 선교사님들이 세상 기준으로 볼 때엔 가난하고, 어리석어 보일 수도 있겠지만 나는 이분들을 존경한다. 내가 이웃교회를 보고 감동을 받았듯이, 세계 어느 곳에선가 한국인 선교사들이 세운 교회를 보고 감동하는 사람들이 생겨날 것이다. 고린도후서 6장 1-10절 말씀을 깊이 묵상하면서 내 꿈이 현실로 나타날 때를 꿈꾸며, 좋은 예술 사역자로 순종하려 한다.

열방을 향해 노아의 방주를 만드는 비전

_임홍섭

1990년, 구소련 사역을 시작으로, 미주한인오엠 총무를 역임했고
현재는 미국 덴버의 킹스웨이교회를 담임하고 있다.

상자 속 기억

탁!

　둔탁한 소리와 묵직한 상자 하나가 떨어졌다. 순간 뽀얀 먼지가 일었다. 이사를 위해 짐을 정리하다가 상자 하나를 발견했다. 내 지난 기억과 추억의 파편이 담겨 있는 상자이다. 뽀얀 먼지를 뒤집어 쓴 상자에는 일기장과 사진 뭉치, 구소련의 국기와 화폐, 군복 모자와 같은 기념물과 두꺼운 책 몇 권이 담겨 있었다. 1989-1992년까지 내가 오엠 선교사로 사역했을 때 소장했던 것들인데 잦은 이사로 잊고 있었다. 결코 예사롭지 않은 책도 있다. 구소련의 붉은색 국기를 바탕으로 C.C.C.P(소련인민공화국)라고 찍혀있다. 이 책은 일종의 국가기밀 정보 책자였다. 또 다른 책은 내가 지하교회와 함께 계획되고 진행했던 프로젝트들을 기록한 것이다. 1990

년 이후 소련, 알바니아, 루마니아, 폴란드, 체코 등 공산권 나라들의 지하교회의 역사가 고스란히 담겨져 있는 살아 있는 선교역사 기록물인 셈이다. 70년 공산정권 아래에서도 어떻게 교회가 존립할 수 있었는지 보여주는 매우 중요한 자료인 것이다. 즉 구소련 지하교회가 어떻게 발굴되었고, 어떻게 서방세계와 소통했는지, 또 아직까지 살아 있는 교회는 얼마나 되는지 알 수 있는 자료이다.

책장을 넘기자마자 가슴이 벅차오른다. 먼저 러시아 공화국으로 분리된 뒤 달라진 지명을 비롯하여 각 공화국 정보들엔 많은 변화가 있었음을 한눈에 알 수 있었다.

1989-1990년 초까지 구소련 사진들은 또 어떠한가? 사진의 대부분이 내가 몰래 촬영하고 현상한 것들이다. 현상된 사진들은 그 당시 소련과 동독 등 공산권 선교를 꿈꾸던 수많은 한인선교사들과 무디출판사를 포함한 수많은 잡지사와 신문사에 넘겨 주었다. 또한 나의 선교 초창기 자료도 함께 있었다. 내가 처음 선교를 접하게 된 외항 선교회의 사무실과 선교훈련 사진, 오엠 창립 사진 등, 지금은 모두 빛이 바랬지만 소중한 자료다.

사진 한 장, 한 장을 꺼내보면서 뿌얀 먼지처럼 흐려진 이전의 기억들을 되살려 보았다. 먼지는 곧 가라앉고 시야가 맑아지듯 내 지난 20년의 기억 역시 또렷해졌다. 새벽까지 그 자리에 꼼짝하지 않고 그 사진을 보며 오엠과 함께한 20년 선교생활을 되돌아 보았다.

내가 선교사가 되기로 헌신한 때는 1989년이다.

하나님을 인격적으로 만난 사람들에게는 저마다 체험이 있다. 그래서 각 사람의 이야기를 풀어내면 세상에 하나 밖에 없는 드라마가 된다. 그런데 각 스토리에는 공통점이 있다. 그것은 바로 하나님을 만난 이후 삶의 패턴이 바뀐다는 것이다.

내가 주님을 인격적으로 만난 때는 언제였을까? 아마도 그때 한국의 경제는 성장일로에 있었고, 한국교회들이 선교에 눈을 뜨던 때였다. 내 삶의 길목마다 '만남'이 있었다. 나는 외항선교회의 이사이던 어느 목사님을 만나게 되었다. 그분은 선교선 둘로스와 로고스의 한국업무를 담당했다. 그분을 통해 선교에 발을 디디게 되었다. 이어 오엠선교회가 발족했고 나는 황무한 구소련 땅으로 향했다. 구소련은 하나님이 손수 쓰신 드라마 같은 무대였고, 나는 그 무대에서 주어진 역할을 해내야 했다. 오엠을 통해 하나님이 준비하신 선교 사역지에서 내 인생의 2막은 시작되었다.

무대경험이 전혀 없는 나는 연출자이신 하나님만 바라보았다. 하나님만 바라보라! 이것은 오엠이 내게 부여한 첫 훈련이었다.

"IN GOD I PLAY"

그렇다면 하나님의 안에서 내가 할 수 있는, 아니 해야 할 일이란 무엇일까? 그것은 바로 철저한 내려놓음이었다.

구소련이라는 무대는 하나님의 능력 없이는 서 있기도 힘든 곳이었다.

또한 나는 무대 안과 밖에서의 싸움을 치러야 했다. 영적 전투와 현실의 전투, 내 안과 밖의 전투 모두가 주의 도우심 없이는 소모전으로 끝날 수밖에 없었다. 내가 할 수 있는 일이란 그야말로 주님이 보내주신 불기둥과 구름기둥만 의지하는 것이었다.

완전히 주님만 의지할 수밖에 없는 환경과 상황으로 보내신 주님의 은혜! 오직 주님이 계획하신 대로 만들어지는 나의 상황 앞에 나는 엎드릴 수밖에 없었다.

God makes me to play MY ROLE in His hand.

I only Play In God.

너희가 주라, 너희를 주라

구소련에서의 일이다. 어느 날 나는 산속에 있는 마을 길가에 앉아 따사로운 햇살을 받으며 제법 한가로운 시간을 보내고 있었다. 거리의 모습이 새롭게 다가왔다.

차에 기름을 넣기 위해 종일 기다리는 사람들, 빵을 구하기 위해 몇 시간이나 상점 앞에 줄을 선 사람들, 알코올 중독으로 길거리에 쓰러져 있는 사람들. 영하의 날씨에 퉁퉁 부은 맨발로 거리를 쏘다니며 동냥하는 아이들. 우리가 차를 세우면 어린 아이들부터 나이든 아줌마, 또 몸을 파는 여자들까지 아비규환을 연상시키며 하면서 차에 올랐다.

"1달러! 1달러!"를 외치며 서슴없이 옷을 벗는 여인을 보며 사마리아 여인이 생각났다. 가슴이 뭉클해지면서 하염없이 눈물이 흘렀다. 공산주의라는 거짓된 사상에 속아 죽어가는 영혼들이 가엾기 그지 없었다.

'이들에게 무엇을 줄 수 있을까? 무엇을 주어야 할까?'

옆에 있던 동료선교사 귤렉이 그들이 긍휼이 보였는지 한참 고민하다가 내게 물었다.

"이봐, 피터, 여분의 신발 가지고 있어?"

동상 걸린 맨발로 걸어 다니며 빵을 구걸하는 다니는 아이를 그냥 지나칠 수 없었던 것이다. 나 역시 이들에게 무엇인가 주지 않고는 견딜 수 없었다. 사실 우리는 여행할 때 만일의 사태에 대비하여 여분의 신발과 옷을 가지고 다녔다. 우리는 옷과 신발 그리고 남은 음식도 모두 그들에게 나눠 주었다. 모두 나눠주고 난 뒤 길거리에서 그들과 함께 잠을 잤다. 그날 밤은 영하의 날씨였지만 하늘의 별은 매우 아름답고 밝게 빛났다. 그처럼 아름다운 별은 본 적이 없었다. 아마 아기 예수의 탄생을 알렸던 별도 그러했을 것이다. 이들에겐 먹을 것, 입을 것이 간절했다. 그러나 무엇보다 간절한 것은 바로 복음이었다. 그 별을 마냥 바라보면서 열방을 향한 내 마음에 강한 불이 지펴졌다.

"네가 주라!"

하나님은 계속 말씀하셨지만 난 뒤늦게야 그 말씀을 알아들었다. 너희가 주라는 주님의 음성을 듣고 거룩한 부담감을 가지고 있는 어느 날 이었다. 블라디보스토크 근처 야산에서 우리는 차에 시동도 끈 채 하루를 보내야 했다. 그렇게 약 2주 동안 차에서 지냈다. 세수를 하기 위해 손을 걷을 수도 없었다. 추위에 꽁꽁 얼어붙는 날씨에 우린 꼼짝달싹도 하지 못했다. 15일 동안 운전만 하고 마을을 방문도 못하고 조심스럽게 상황을 주시할 뿐이었다. 지하교회의 존재 여부를 알기 위해 좀 무리해서 움직이다가 군에 쫓겨 갇힌 적이 있었기 때문이다.

그러나 더 이상 버틸 힘이 없었다. 정작 도움이 필요한 것은 우리 자신들이었다. 인내에 한계가 왔다. 그리고 두려움이 몰려 왔다. 그래서일까? 버틸 힘이 없었다. 모두가 움츠리고 있었고, 사소한 일에도 날카롭게 반응했다. 나눔과 섬김은 고사하고 점점 마음이 강퍅해져 갔다. 그래서 우리는 모든 일을 중단하고 오직 주님만 바라보기로 했다. 말씀만 묵상하며 하나님의 음성을 기다리다가 움직이기로 했다. 우리가 할 수 있는 아무것도 없었다. 그 순간 주님이 마태복음 4장 16절과 이사야 61장으로 우리에게 다가오셨다. "너희가 주라! 너희를 주라!"는 것이었다. 주님의 축사에 기적은 일어났고, 제자들은 나눠주고 있는 장면이었다. 이 말씀을 묵상하고 있을 때였다.

순간 쾅! 쾅!하는 소리와 사람의 음성이 들렸다. 들려오는 소리는 문을 두드리는 소리였다.

"문 열어! 밖으로 나와!"

이곳 산꼭대기까지 군인들이 찾아온 것이다. 결국 우리는 모두 잡혀서 군부대로 압송당했다. 우리는 잡혀 가는 과정에서 묵상한 것을 나누었다.

"어떠한 상황에서도 나를 내어주자!"

며칠 후, 우리에게도 사도 바울과 베드로가 경험했던 기적이 일어났다. 우리는 크리스천이라고 말하자 그들은 찬송을 불러달라고 부탁했다. 예상치 못한 반응이라 우리도 놀랐다. 기도를 부탁하는 간부도 나타났다. 도망을 포기하고 기꺼이 잡혀 갔더니 직접 복음을 듣겠다고 나서는 군간부를 만나는 기적이 일어난 것이다.

그 당시 우리가 타고 다니던 자동차 안에는 성경을 숨겨 놓은 깡통들이 있었다. 구호물자에 숨겨서 들여 온 성경이었다. 그 성경이 발각되면 사실 우린 죽음 목숨이나 다름없었다. 그 당시 상황으론 죽을 수 있었으나 그들 눈에 우리가 뭔가 달라 보였다고 했다. 정치적 이유에서든 종교적 이유에서든 이곳에 잡혀온 사람들과 다른 면을 우리에게서 발견했다는 것이다. 두려워하는 기색 없이 당당하고 순수해 보여 진짜배기 크리스천 같다고 했다. 그런데 우리가 가지고 있던 복숭아 깡통 속에서 나온 문서에 대해 설명을 해 보라고 했다. 그 문서는 바로 요한복음 쪽복음이었다. 사실 그 당시에는 우리에게 주어졌던 바로 그 기회가 시베리아 땅의 복음화를 위해 주께서 예비하신 좋은 기회였다는 것을 인식했던 팀원은 없었다. 우리 팀 리더인 마틴이 쪽복음에 대해 설명했다. 마틴의 나이는 19세였다.

"예수님께서 우리의 죄를 위해 이 땅에 오셨습니다. 그분이 우리의 죄를 위해 십자가에서 피를 흘리셨습니다. 그것은 사랑의 보혈입니다. 예수 그리스도를 통해서만 우리는 죄를 회개하고 구원을 받을 수 있습니다. "

마틴은 전혀 두려워하지 않고 순종하는 마음으로 담대하게 복음을 전했다. 오히려 소련 장교에게 질문까지 했다.

"행복하십니까?"

마틴의 질문에 적막함이 잠시 흘렀다. 장교는 우리들을 작은 방으로 데리고 갔다. 그리고 진지하게 물었다.

"정말 그리스도라는 분이 행복을 줄 수 있나요?"

부하들을 모아 놓을 테니 나눠 준 쪽복음을 설명해 달라고 군 간부가 말했다. 소련이 무너지면서 사회와 가정도 무너지고 모두가 비관적으로 불행한 삶을 살고 있으니 그들에게 희망의 메시지를 전해달라는 것이었다. 그래서 우리는 그 깡통 속에 있던 모든 성경을 꺼내서 그 내용을 모든 군인에게 설명했다. 그들 가운데 복음을 받아들이고 주님을 영접하는 이들이 나타났다. "네가 주라! 너희를 주라"는 말씀에 순종하니 기적이 일어났다.

스파이

선교훈련을 마치고 내가 사역할 팀으로 옮기는 일은 마치 군훈련소에서 기초훈련을 마치고 군대의 자대 배치를 받는 것과 흡사했다. 나는 내가 선교사로 있었다고는 하나 항상 내가 있었던 팀을 소개할 땐 군대로 비교하며 소개하고 혼자 피식 웃는다.

내가 사역할 팀으로 가는데 새로 갈 땅은 과연 어떤 땅일까? 그 땅을 생각하니 좀처럼 잠이 오질 않았다. 며칠 걸려 버스타고 장소를 옮겨 오엠 선교사들의 훈련 장소인 네덜란드 디브론을 출발하여 소련으로 들어가기까지 하루하루가 분주했다. 만약을 대비해 우리 팀은 예전에 지하교회를 접촉하고 잠입하는 방법을 고수했다. 오스트리아 비엔나 근교의 오엠 본부를 거처 루마니아 수도 부쿠레슈티에 있는 차우체스코 궁전을 지나 다음 블럭에 있는 지하교회에 잠입하는 것이 일차 목표였다. 그리고 독일계 루마니아인의 안내로 소련 국경까지 가고 그 후에 소련 지하교인의 안내로 소련 본부까지 잠입하는 것이 두 번째 목표였다.

지하교회 교인을 마을 입구에서 간신히 접선했다. 그가 화장실 변기를 움직여 문을 여니 조그마한 사다리가 나왔다. 이를 통해 간신히 내려온 화장실 변기의 수납장을 움직여 지하에 마련된 교회로 잠입을 할 수 있었다. 아래층은 아주 아늑했다. 변기통 물통 뒤에 마련된 공기구멍이 고작인 지하이기에 창문도 없는데 그러듯하게 창문인 것처럼 만들었고 주방도 꾸며져 있었다. 불빛도 완전히 차단하게 만들었다. 그런대로 아늑했다. 하지만 나는 시간이 지나가도 내 마음 한구석에 있는 불안은 쉽게 가시지 않았다. 영화 속 스파이가 된 이 기분, 두려움이 있긴 있어도 흥미진

지하기도 하고 재미도 있었다.

내가 타고 다니던 차량은 큰 트럭 수준이었다. 팀원들이 밤새 운전을 하면서 한 명은 항상 트럭 운전석 위에 마련된 침대칸에서 잠을 자야 했다. 그리고 두 명은 운전을 했다. 그 트럭에 물자들을 실어 수송했다. 보통 4일 정도 짐칸 뒤에서 먹고 자면서 내리지 않고 운전만 하는 경우도 있었다. 교대로 계속 운전하고 차량은 계속 움직이는 것이다. 특별한 경우를 제외하고 거의 쉬지 않았다. 완전한 임무란 없었다. 다만 끊임없이 움직여야 했다. 지독한 팀이었다.

팀원들이 사용한다는 방은 지하실에도 있었다. 지하실도 스파이 영화의 한 장면 같은 분위기였다. 고문을 당하는 장면을 연상 시키듯 문은 철문으로 되여 있었고 빙글빙글 돌며 철제 계단을 내려가도록 되어 있었다.

내가 사역할 방을 가보니 아주 빨간 전등만 나를 반겼다. 아까 말한 암실이었다. 비밀로 찍어온 사진을 현상하고 성경 필름을 자체 제작하는 공간이었다. 소련에서 몰래 찍은 사진들을 어떻게든지 현상시켜야 하는 업무가 물론 주업무였다. 그리고 나는 모든 성경을 한장 한장(당시 소련의 66개 종족 언어로) 사진을 찍어 필름 상태로 만들어 물이 들어가지 않게 봉한 다음 구호 깡통으로 위장된 깡통에 잉크와 함께 넣고 봉하는 사역을 해야 했다. 일단 성경 필름과 인쇄 기계 부품을 일일이 번호를 매겨 깡통 속에 잉크를 넣어 밀반입 준비를 하는 작업은 사실 중노동이었다. 깡통을 봉하는 작업이 자동화가 아니라서 엄청난 힘을 요하기 때문이었다.

내가 암실에서 작업을 하지 않는 날은 차량 수리 작업에도 투입되었다. 버스를 위장하도록 매번 개조하고 수리하고 색깔도 바꾸는 작업을 했다. 우리가 만든 성경을 몰래 넣기 위한 공간을 만드는 작업이었다. 군 훈련 받으면서 훈련소에서 불평한 적은 있었는데 여기서는 할 수 없었다. 오엠 특공대원에게 불평은 사치일 뿐이다.

오엠은 많은 시간을 지하교회를 발굴하여 후원하는 데 시간을 투자했다. 동부 유럽이 주대상이었다. 구소련 지역과 루마니아 알바니아 등을 다니며 아직 발견되지 않은 지하교회들의 찾아 발굴하여 지도를 그리고 소멸된 지하교회는 지우고 그 현황과 상황을 기록했다. 지금은 거의 지하교회가 없어졌다고 추정하지만 너무 일찍 지상으로 올라왔던 소련의 지하교회와 중국의 지하교회들이 수없이 정부 계략에 속아 잡혀가기 때문에 아직 남아 있는 지하교회와 그들의 신앙을 보호해야 했다.

1990년 6월, 소련 정부는 종교자유를 선언했다. 서방인뿐만 아니라 자국민 누구나 교회를 짓고 그 속에서 예배를 올릴 수도 있다고 선언했다. 지하교회를 지상교회로 인정해서 교회를 지을 수 있고 예전의 건물을 소유했던 증거가 있으면 70년 전의 건물은 보장해 준다는 희소식이 있었다. 예전의 건물을 준다고 해서 수많은 교회가 지하에서 지상으로 나왔다. 그리고 얼마 후 소련 고르바초프 정부는 그들의 재산을 모두 다시 압류했다. 잠시 자유를 주고 다시 핍박을 한 것이다. 그 당시 나를 포함해서 많은 서방 선교사들은 신분이 노출되어 공항으로 압송되었고, 경우에 따라

선 추방되기도 했다. 복음을 방해하는 사탄의 계략이었다.

　지하교회에 복음을 실어 나르다가 경찰에 적발되어 여러 차례 감옥을 간 일도 있다. 적게는 하루에서, 많게는 2주 동안 감옥에 있다가 나왔다. 그 속에서 나와 동료 선교사들은 때로는 고초도 당했고, 때론 이틀 동안 밥도 못 먹고 감옥에 지냈던 날도 있었다. 하루는 시베리아에 가까운 곳에 위치한 탐스쿠라는 도시에 아파트만 몰려 있는 단지를 갔다. 성경을 집집마다 배포하기 위해서였다. 새벽에 몰래 우체통에 성경을 떨어뜨릴 때마다 톡하고 들려오는 소리는 더욱더 숨죽이게 했다. 공산권과 터키와 같은 무슬림 국가에서도 이 방법으로 성경을 배포했다. 아파트는 쪽복음을 돌리기 위한 지역이었다. 그래서 쪽복음은 아파트 지역에 중점적으로 배포했다.

　공산권에 문서를 전하는 사역은 이렇게 목숨을 내놓고 하는 사역이다. 요즘은 한국교회에 많은 선교사들을 파송했다. 그러나 교회도, 선교사도 목숨을 걸고 복음을 전하는 사역에 별로 감동이 없는 듯하여 씁쓸할 때가 많다. 이 세상에는 보이지 않는 복음을 전해야 할 곳이 너무도 많다. 그래서 나는 '그 땅에 우릴 보내소서!'라고 결단할 수 있도록 도전을 주는 사역을 계속하리라 다짐을 해 본다.

어느 날 공원에서 전도를 하고 있었다. 설교가 진행되고 있는 중에 위협적인 군화소리가 들렸다. 군인들이 우리를 모두 포위했다. 아주 순식간이었다. 총을 우리에게 겨누고 두 줄로 서 있었다. 순간 우리 팀원들은 얼어붙었다. 그런데 감사한 것은 모였던 관중들이 전혀 동요하지 않았다. 설교가 끝날 때까지 관중들이 한명도 움직이지도 않았고 그들이 우리들의 방패가 되어 주었다.

설교가 끝나자 군인은 우리 리더를 데리고 갔다. 시간이 흐르고 우리는 하나님께서 기적을 준비하실 것이라는 확신이 들었다. 군인이 리더를 돌려보냈는데 리더는 음료수까지 받아들고 왔다. 군대에게 끌려갔다 올 때 일어난 일치고는 처음 경험하는 일이었다. 군인들이 아무것도 물어보지 않았다고 했다. 그런데 사무실에 들어가니 옥스닥스 사제들이 모두 모여 군인들에게 성을 내고 심하게 질책하고 있었다는 것이었다. 리더는 이미 복음 때문에 여러 번 감옥에 다녀온 경험이 있어 그저 담대히 그 상황을 보며 영적 전쟁에서 기적을 기도했다고 했다.

군대의 요구대로 우리가 뜻하지도 않았던 대형 집회를 부탁받았다. 흥분되는 밤이었다. 복음을 전할 들뜬 기분을 간직하고 우리는 처음으로 가장 편한 잠을 잘 수 있었다. 우리는 하나님께서 우리의 기도를 듣고 행하신 놀라운 일들을 감사하고 기도회를 마치고 각자 잠을 청했다. 밤늦은 시각이었다. 우리가 모두 정리하고 드디어 자려하는데 우리들이 묵는 교실 문을 누군가 두드리는 것이었다. 갑자기 믿음이 작아졌다. 혹시 그들 가운데 바로 왕이 마음을 바꿔 모세와 이스라엘 민족을 다시 잡으려고 군대를 보낸 것처럼 마음이 변하여 우리를 잡으려고 찾아 왔을까? 하는 두려움과 떨리는 마음으로 문을 열었다.

그런데 찾아온 사람은 오늘 주님을 영접한 소령 정도로 보이는 군대 대장과 구청장 급의 이 지방자치구장과 또 다른 젊은이가 찾아왔다. 그들은 우리들을 또 한 번 놀라게 했다. 다짜고짜 내일 별일 없으면 퇴근 시간에 맞춰 저녁식사 전인 오후 5시에 한 번 더 집회해야지만 떠날 수 있다고 했다. 기분 좋은 명령이었다. 이젠 반강제로 우리에게 복음을 전하라고 한다. 그들은 분명 우리보다 더 흥분해 있었다. 물론 이것이 성령님의 역사하심이요, 임재하심이었다. 사람을 모으는 일은 자신들이 함께 아침부터 광고하여 모을 테니 걱정 말라는 것이었다. 이런 하나님 역사가 또 어디 있을까? 사람은 우리가 모아 놓을 테니 복음만 전하라는 것이다.

나를 비롯하여 다른 선교사들의 얼굴은 광채를 받은 천사들의 얼굴처럼 변해갔고 우리는 기쁨으로 모두 잠자리에서 일어나 새벽 3시까지 전략회의와 기도회를 가졌다. 아침이 되었다. 우리는 기도회를 마치고 2시간짜리 프로그램을 기획하고 연습에 들어갔다. 내겐 15분간의 설교를 할 기회가 주어졌다. 내 인생에서 어쩌면 다시 돌아오지 않을 만한 일이 될 것이기에 나는 매우 흥분했었고 준비도 많이 하고 담대히 선포했다.

오후 5시! 불과 30분전까지 비어있던 공간에 많은 사람이 모였다. 집회를 인도한 선교사들은 기뻐 어쩔 줄을 몰라 했다. 그날 우리는 거의 100명이 넘는 이들을 주님께로 영접시켰다. 대단한 전도집회였다. 몇 년을 준비한 그 어떤 집회보다 더 조직적이었고, 통제도 잘 되었고, 은혜가 넘치는 집회였다. 군인들이 선교사들을 처음부터 끝까지 한 사람 한 사람 호위하고 있었기에 어떤 문제도 없었고, 집회하는 동안도 그들의 호위와 구청장의 인도로 말 한마디에 15,000명의 통제가 가능할 수 있었다. 그들이 바로 보이지 않는 영적 전쟁에서의 주님을 위한 첩자였다.

백합의 숨은 의미

꽃을 싫어하는 사람은 없다. 누구든지 꽃을 받으면 마음이 밝아진다. 악한 사람도 꽃은 대부분 좋아한다. 연인들은 비싸도 꽃을 주고 사랑을 표현한다. 난 선교지에서 이 꽃을 더욱 사랑하게 되었다.

아름다운 꽃에 담긴 소중한 이야기를 나누고 싶다. 70년도 넘는 오래된 이야기이다. 스탈린이 크리스천들을 숙청할 때였다. 어느 장로님 가족은 군인들이 몰려오기 전 마지막 예배를 드렸다. 그리고 가족 한 사람, 한 사람에게 백합꽃 씨앗과 함께 성경을 쪽복음으로 분리해서 옷 속에 넣어 주었다. 성경을 매일 읽고 기도하라고 부탁했다. 만일 살아 있게 되면 해마다 마당에 백합을 키우기로 약속했다. 예상대로 가족들은 체포되어 뿔뿔이 흩어졌다. 그리고 50년 동안 서로 만나지 못했다. 가족 모두가 수용소 안에서 삶을 보냈다. 그리고 시간은 흘러 종교가 자유로운 시대가 왔다.

우리 선교사들이 처음 그곳을 방문했을 때 어느 어린아이가 백합을 들고 나에게 백합을 전해 주었다. 그 백합을 받은 나와 선교사들은 그 아이에게 성경과 구호물자를 주었고, 그 아이는 그의 아버지를 모시고 나왔다. 그리고 그들은 엉엉 울었다. 그들이 바로 일찍이 돌아가신 장로님의 아들과 손자였다. 이것이 그들과의 처음 만남이었다. 4대가 약 60여 년 동안 그들은 주님의 복음을 생명보다 귀하게 여겼고 고난과 핍박 속에서도 믿음을 보전하고 복음을 전했던 것이다. 그들은 언젠가 가족이 다시 만나 복음을 전할 수 있는 주님의 때를 기약하기 위해 백합을 매년 재배했다. 귀한 날, 귀한 일을 위해 쓰려고 그들은 목숨을 건 60년 동안 백합을 재배했다. 이렇게 해서 하나님의 복음의 씨앗은 끊어지지 않았고, 하나님께서 이스라엘 백성에게 믿음으로 인하여 창대해지리라는 구원의 약속을 구소련 땅에도 그들을 통해 성취를 보게 되었다.

그들의 아름다운 희생과 주님을 사랑하는 마음이 우리 한국 기독인들에게도 필요하다고 생각이 든다. 믿음을 유지하고 지키려면 희생이 뒤따르기 마련이다. 주님을 사랑한다고 하면서 자신을 희생하지 않는 우리들의 모습은 꽃을 사랑할 자격이 없다는 생각한다.

언젠가 나는 교인 집을 방문하려고 꽃을 사러 화원에 갔다. 그 화원에서 나는 백합을 샀다. 나는 복음의 꽃, 생명의 꽃에 관련된 간증을 잊을 수 없었기 때문이다. 그래서 심방을 갈 때 백합을 통해 복음의 전수를 한 소련 가정처럼 그 심방하는 가정도 어떤 역경 가운데에서도 믿음을 전수하는 가정이 되라고 말씀을 드리고 백합을 드리곤 한다.

킹스하버와 로고스 호프 스토리

성경을 보면 세속적인 가인의 후예들과 경건한 셋의 후예들의 이야기가 나온다. 가인의 후예들은 세상을 어지럽히고 타락한 모습으로 죄로 세상을 물들였다. 하나님은 이 광경을 보시고 몹시 분노했다. "왜 내가 이런 백성들을 만들었을까?" 그리고 하나님은 세상을 정화시키시고자 홍수 심판을 계획하시고 의로운 사람 노아를 시켜 산 높은 곳에 조선소를 세워 열방을 구원할 방주를 만들도록 준비시켰다. 이 방주를 만드는 일은 쉬운 일은 아니었으나 순종해서 노아의 가족은 영적으로 맑은 조선소를 운영하면서 세상의 회복과 죄의 구원의 메시지인 복음을 온 세상에 전할 방주를 만들었다. 이 방주는 세상의 온갖 폭풍과 파도, 비와 바람에도 부서지지 않고 하나님의 회복의 역사를 일궈냈다. 악하고 더러운 세상은 하나님을 어지럽힌다. 그 속에서도 하나님은 구원으로 인한 인류의 회복의 역사를 써나가시길 원하신다. 열방에 복음을 전할 부서지지 않는 강한 복음의 배를 만들어야 한다. 그러기 위해 우리는 노아의 가족처럼 심판이 오기 전, 하나님께서 조선소를 만들어 방주를 준비시키신 것처럼, 죄가 아직 물들지 않은 영정 청정 지역에 하나님의 조선소(King's Harbor)를 세워 열방의 회복과 치유를 위해 어떤 역경에도 부서지지 않은 방주를 만들어야 한다.

항구는 주변이 더럽다. 열방 어디서든지 어둡고, 더럽고 추한 죄들이 쉽게 들어와 항구를 더럽힐 수도 있다. 항해를 하는 동안 부서진 배도 있어서 수리도 해야 하고 다시 항해를 하기 위해 음식과 물자를 보충도 해야 한다. 또한 긴 시간을 항해하는 동안 지친 항해사들의 심신의 치유와 회복도 필요하다. 위로와 재충전을 통해 다시 항해할 힘을 얻게 해야 하고 양육과 교육을 통해 실력도, 정보도 업그레이드해야 한다. 항해사를 훈련시키고 승무원들의 회복과 치유로 재충전시키는 일을 하기 위해서는 항구가 건전하고, 영적으로 맑고, 순결하고 잘 준비되어 있어야 한다.

이것이 킹스하버의 비전이다. 로키산맥 꼭대기 영적 청정지역인 덴버에 열방을 향해 복음의 방주를 만들 하나님의 항구가 세워졌다. 상처받은 누구나 와서 회복할 수 있다. 부서진 배를 보수하여 다시 복음을 위해 열방을 향해 출항할 수 있는 튼튼한 배로 만들 수 있다고 믿는다. 항해사들이 지쳐 쓰러졌다면 다시 치유하여 회복시켜야 한다. 가정이 깨졌다면 우린 다시 일으켜야 하며, 복음의 방주의 승무원들이 교육이 필요하면 교육을 해야 한다. 이런 사역을 위해 영적 청정지역인 킹스하버가 꼭 필요하다. 이 사역을 위해 상담과 제자 양육 그리고 중보기도가 이뤄질 것이다. 상담을 목적으로 하는 정규 선교집회 및 지친 모든 사역자들을 회복 사역, 가정 사역 및 상담 사역이 이뤄지며 회복을 위한 중보기도와 찬양 사역이 이뤄질 것이다. 찬양 사역자들이 매주 찬양과 중보기도로 회복 사역을 인도함으로 선교사와 많은 리더가 영적 회복을 받아 열방을 향해 재파송하는 역할을 감당할 것이다. 특히 B.B.C.^(Broken Bridge Center), 즉 깨어진 관계를 연결해 주는 센터의 역할은 점점 더 확대될 것이다.

이미 알고 있듯이 아주 일찍이 오엠은 둘로스와 로고스라는 선교선을 통해 열방에 복음을 전하는 노아 방주의 역할을 감당해 왔다. 세상의 말씀을 통한 복음의 회복이 바로 오엠의 엔진과도 같은 사역이며, 아주 중요한 비전이다. 이제는 두 배의 사역이 로고스를 통해 더욱 사역의 극대화와 효과적 사역을 계획하고 있다. 오엠이 이 시대에 이뤄야 할 일이 사역은 바로 킹스하버의 역할을 감당하는 것일 것이다. 그래서 킹스하버 B.B.C.와의 협력은 중요한 것이다. 로고스 호프를 통해 복음 전하는 사명이 잘 감당할 수 있도록 킹스하버는 힘을 쏟을 것이다. 그래서 나는 로고스 호프 사역이 더욱 주님의 은혜로 사역이 성장할 것을 믿어 의심치 않는다. 지금까지 그래왔던 것처럼, 하나님은 로고스 호프를 열방의 구원을 위해 끊임없이 사용하실 것이다. 열방을 향한 회복과 치유를 통해 선교사와 목회자, 평신도 리더 및 예배와 찬양 사역자들의 회복을 꿈꾸는 킹스하버 사역은 로고스 호프의 선원을 배출해 내는 귀한 사역의 장이 될 것이다. 또한 로고스 호프에서 사역을 하다 영혼의 회복이 필요한 선교사들이 거쳐 가는 중요한 장소로 쓰임을 받게 될 것이다. 열방을 향해 배와 사람을 회복시켜 다시 출항시키는 사역을 오엠과 함께 B.B.C.는 힘차게 협력할 것이다. 로고스 호프가 바로 킹스하버를 통해 보수되어지고 재충전되는 많은 배 중의 또 하나의 배가 것이다. 이제 그 배가 항해를 하다가 회복하고 재충전이 필요할 때마다 킹스하버 B.B.C.는 협력자의 역할을 감당할 것이다. 보수와 수리가 필요하다면 킹스하버에 들어와서 수리도 받거나 공급도 받을 수 있는 협력이 이뤄질 것이다. 이것이 바로 킹스하버의 비전이다. 로고스 호프와 함께 '킹스하버 미니스트리'를 통해 하나님 나라가 더욱 확장되길 기대한다.

에필로그

열한 명의 작은 예수가 하나님을 이야기했다.

이들의 이야기 속에서 하나님을 보았는가? 하나님을 만났는가?

이제 그 하나님이 당신의 이야기를 기다리신다.

선교는 사람이다!

선교는 감동이다!

선교는 인간이 할 수 있는 최고의 발걸음이다!

선교는 가장 가치 있는 삶으로의 부르심이다!

이 책은 평생 문서선교의 열정을 가지고 한국 교회와 선교사들을 섬겼던 예영커뮤니케이션의 김승태 장로의 생전에 마지막으로 출간을 결정했던 책이기도 하다.

로고스 호프의 한국방문을 계기로 이 책을 출간할 수 있도록 주께서 허락하시고 인도하심을 감사드린다.

주님께서 마지막 유언으로 남기신 지상명령(마 28:19-20)을 순종하기 위해 미약하나마 이 책이 쓰임받기를 소원한다.

불은 타오름으로 존재하고, 교회는 선교함으로 존재한다(에밀 부르너).